KB059858

도시는 다정한 미술관

일러두기

- 작품 도판은 저작권자의 동의 절차를 거쳐 게재했지만 사전에 조치하기 어려웠던 일부는 추후에도 협의해나가겠습니다.
- 위키피디아에서 가져온 그림은 출처를 따로 표시하지 않았습니다.
- 풍부한 그림 자료를 위해서, 웹상의 그림을 큐알 코드로 확인할 수 있습니다.

도 시 다 정
는 한
미 술
관

박상현 지음

일상에서 발견한
31가지 미술사의 풍경들

세종

버락 오바마 대통령은 2009년 이집트를 방문해 호스니 무바라크 대통령과 정상회담을 한 뒤 카이로대학교에서 연설을 한 적이 있다. 하루밖에 되지 않는 일정이었지만 처음 방문하는 이집트이니만큼 짬을 내서 유명한 기자Giza의 피라미드도 둘러보았다. 그런데 그곳에서 고대 이집트의 학자 카르Qar의 묘를 보다가 돌에 새겨진 상형문자들 사이에서 재미있는 형상을 발견했다. 어떤 사람의 얼굴이 돌에 음각되어 있었는데, 우리가 흔히 생각하는 이집트 예술작품 속 엄숙한 얼굴이 아니라 만화나 캐리커처처럼 재미있는 모습을 하고 있었다.

　흥미로운 건 그 얼굴이 오바마와 너무나 똑같이 생겼다는 사실이었다. 미국 신문의 만평에 등장하는 오바마 얼굴처럼 큰 귀에 (미국인들 사이에 오바마의 큰 귀는 항상 얘깃거리였다) 짧은 머리를 하고 있었다. 그걸 먼저 본 수행원이 오바마에게 이것 좀 보라고 가리켰고, 그 자리에 있던 사람들이 "먼 친척 아닐까요?" 하고 농담하는 바람에 다 함께 크게 웃었고 언론에서도 작은 화제가 되었다.

2020년에 나온 오바마의 회고록 『약속의 땅 A Promised Land』을 보면 오바마는 그때 돌에 새겨진 그 형상을 보고 잠시 생각에 빠졌다고 한다.

(그 사람은) 왕족이었을까? 아니면 노예나 공사장 책임자였을까? 어쩌면 그 피라미드가 만들어지고 수 세기가 지난 뒤 그곳에 들어갔다가 지루한 마음에 장난으로 낙서를 해놓은 걸지도 모른다. 밤하늘 별을 보다가 외로움에 빠져 자기 얼굴을 새겼을 수도 있다. 나는 그 사람이 빠졌던 고민, 그 사람이 싸우던 문제가 무엇일지, 그가 살던 세상은 어떤 세상이었을지 상상해보았다. 그가 겪었을 어려움과 궁정 내 음모, 전쟁과 재난, 각종 사건은 내가 다시 워싱턴으로 돌아가면 직면해야 할 문제들과 전혀 다르지 않게 크고 중요했을 것이다. 하지만 오늘날 그걸 기억하는 사람은 아무도 없고, 지금은 아무런 문제가 되지 않는 일들이다. 파라오도, 노예도, 낙서꾼도 이미 오래전에 먼지가 되어 사라졌다. 내가 했던 모든 연설도, 내가 통과시킨 모든 법안도, 내가 내린 결정도 그렇게 머지않아 잊

힐 것이다. 나도, 내가 사랑했던 사람들도 그렇게 먼지가 되어 사라질 것이다.

오바마는 미술사가가 아니며 이집트학 학자는 더더욱 아니다. 따라서 돌에 새겨진 형상이 무슨 의미인지, 그 형상의 모델이 어느 시대를 살았던 어떤 사람인지 알 리가 없었다. 하지만 자신이 아무런 지식을 갖지 않은 작품 앞에서 오바마는 인류의 과거와 현재, 미래에 대한 사색에 빠졌다. 무수한 사람이 그 무덤을 구경하면서 그냥 지나쳤을 얼굴 하나가 오바마에게는 세계 최강대국 대통령이라도 시간 앞에서 얼마나 작고 보잘것없는 존재인지 가르쳐주는 교훈으로 다가온 것이다.

흔히 역사에 흥미가 생기고 역사가 좋아지면 나이가 드는 거라고들 한다. 크게 틀린 말은 아닌 것 같다. 우리는 시간이 흘러 세상이 바뀌고, 윗세대가 하나둘 사라지고, 젊은 사람들이 나이가 들면서 변하는 것을 보며 '역사적 상상력'이라는 게 생긴다. 어릴 때는 세상이 어떻게 변했는지를 책을 보며 배우고 외워야 했다면, 나이가 들어서는 세상이 변하는 모습이 직관적으로 이해되기 시작한다. 지금 세상은 어떻게 해서 탄생했는지 이해하게 되고, 미래는 어떻게 만들어질지 상상하는 것이 그다지 어렵지 않게 된다. 자신을 닮은 얼굴을 보면서 오바마가 한 것이 바로 그런 역사적 상상이었다.

젊은 시절에는 지식습득에 대한 당위성과 빨리 배워야 한다는 조급함이 항상 나를 압박했다. 연결되지 않은 지식의 점들은 외워야 할 대상이었고, 그걸 모두 머리에 넣으면 서로 연결되어 나에게 세상을 보는 혜안 혹은 '인사이트'를 줄 것 같았다. 물론 완전히 잘못된 생각은 아니지만 그건 영어 속담처럼 '마차를 말 앞에 두는' 것과 비슷한 착각이다. 지식은 호기심이라는 말이 끌어야 할 마차이지 그 반대가 아니다. 중고등학교와 대학교에서 교양과목으로 접하는 미술사는 대부분 학생에게는 그저 빠르게 외워서 시험지에 쏟아놓은 후 금방 잊힐, 연결되지 않은 지식의 점들에 불과하다. 호기심이라는 말이 끌어주지 않는 지식은 대부분 비슷한 운명에 놓여 있다.

하지만 학생 시절은 짧고 인생은 길다. 학교를 졸업하고 학점에 신경 쓸 필요가 없어지면, 무엇보다 외워야 한다는 압박을 느끼지 않게 되면 비로소 호기심이라는 말을 앞에 세울 수 있게 된다. 미켈란젤로의 〈피에타〉를 보면서 연도를 외우고 르네상스의 삼각형 구도를 떠올리는 대신 '아들이 서른이 넘었는데 성모 마리아는 왜 20대로 보일까?' 하는 호기심을 앞세울 수 있고, 중세 성당을 그린 그림을 보면서 로마네스크 양식인지 고딕 양식인지 구분하기 전에 '성당에 왜 의자가 없을까?'를 궁금해할 수 있다. 우리가 학교에서 따랐던 커리큘럼도 결국 누군가가 자신의 궁금증을 해결하려고 찾아낸 것을 모은 것이니까. 그리고 그렇게 자신만의 호기심, 자신만의 말이 끄는 마차를 타고 떠난 여행에서 지식을 습득하는 과정은 무척 즐겁고 만족스럽다.

　이 책은 약 1년 반에 걸쳐 신문에 연재한 칼럼을 기반으로 하고, 책으로 엮는 과정에서 상당 부분 추가하고 보완했다. 미술사를 설명하려고 시작한 것이 아니라 내 궁금증을 풀어내는 과정이었고, 그중 일부는 칼럼을 쓰던 당시에 일어난 사건과 뉴스를 반영하고 있다. 따라서 이 책은 미술사 전체를 아우르지 않을뿐더러 그것을 목표로 하지도 않았다. 이 글을 연재하는 시점에서 화제가 된 일에서 소재를 찾거나, 뉴스에서 영감을 받은 주제로 글을 썼다. 하지만 칼럼 연재를 마치고 돌아보니 글 30여 편이 자연스럽게 대여섯 개 큰 주제를 이루고 있었다. 결국 이 주제들이 내가 평소 관심 있게 살펴보던 것들이라고 판단해 이 책을 6개 장으로 구성했다.

　작품이나 문화적 요소의 기원(1장), 우리가 아이콘icon(성상)이라고 하는 것들에 대한 생각(2장), 항상 예술에 영향을 주고 거꾸로 풍부한 소재가 되곤 하는 정치(3장), 현대 시각문화의 탄생을 알린 도시 풍경(4장), 예술가들이 줄곧 다뤄왔지만 현대미술에 들어서 전면에 드러나기 시작한 작가 내면의 문제(5장) 그리고 관객의 인식 문제와 가능성 이야기(6장)가 그것들이다. 하지만 이 책의 모든 글은 추상적인 논의 이전에 특정한 작품이나 시각문화

요소에서 출발하므로 어렵지 않다. 일상 속에서 솟아나는 호기심을 무시하지 않고 귀를 기울이면서 더 많은 지식을 찾아가는 연습을 하고 싶은 독자에게 이 책이 도움이 되기를 바란다.

박상현

프롤로그

Contents

PART 1

언제부터 시작되었을까

PART 2
21세기 신의 형상

PART 3
이미지는 권력을 드러낸다

PART 6
보이지 않는 아름다움

PART 1

언제부터 시작되었을까

영국의 역사학자 에릭 홉스봄은 그의 책 '만들어진 전통'에서 스코틀랜드의 문화적 정체성을 대표하는 것으로 여겨지는 킬트kilt와 백파이프가 사실은 잉글랜드와 통합된 이후에 등장했다고 설명한다. 흔히 까마득한 고대에서 유래했다고 생각하지만 통합에 대한 항의로 생겨난, 근대적인 문화요소라는 것이다. 홉스봄이 말하는 것처럼 우리가 아는 많은 전통이 이렇게 뒤늦게 '만들어진' 것임에도 사람들에게 훨씬 오래된 것 같은 착시현상을 일으킨다.

이는 의도적인 조작의 결과만은 아니다. 젊은 사람들은 노인을 볼 때 그 노인은 마치 처음부터 노인의 얼굴을 하고 있었을 것 같은 착각을 한다. 르네상스 시대 사람들은 표면을 덮고 있던 페인트가 모두 사라진 고대의 조각을 발굴한 후 고대 그리스, 로마의 조각은 원래 흰색이었다고 굳게 믿었다. 오래된 성당에 놓인 의자를 보면 원래부터 그 자리에는 의자가 있었다고 생각하고, 사람들은 당연히 카메라 앞에서 웃는 거라 생각한다. 하지만 눈에 보이는 모든 것이 태고적부터 존재하지는 않았다.

공공장소에 앉기:
교회에는 언제부터 의자가 놓였을까

홈리스로 지낸 경험을 가진 사람이 초기에 가장 넘기 힘들었던 선이 사람들이 걸어 다니는 보도나 광장에 눕는 거였다고 말하는 걸 들은 적이 있다. 그런데 앉는 행위에는 그런 심리적 장벽이 없었을까?

2019년 4월 15일 일어난 프랑스 파리의 노트르담 대성당 화재는 다행히 성당 건물 전체를 파괴하지는 않았지만 첨탑과 지붕 구조물을 무너뜨렸다. 그런데 700년이 넘은 인류의 유산이 불에 탄 것도 충격이었지만 복원될 노트르담 성당에 현대건축적 요소를 넣는 것도 고려한다는 에마뉘엘 마크롱 프랑스 대통령의 말에 많은 사람이 더 놀랐다. 숭례문 화재 이후 당연히 최대한 원래 모

불에 탄 노트르담 대성당 내부

© 연합뉴스

습에 가깝게 복원해야 한다고 생각한 우리나라 사람들 기준으로
는 숭례문만큼이나 오래된 건축유산의 모습을 현대적으로 바꾼
다는 것은 상상하기 힘든 일이다.

그렇다면 이런 질문을 해볼 수 있다. 우리가 알고 있는 노트르
담 성당은 처음 지어졌을 때와 같은 모습을 하고 있을까? 타임머
신을 타고 노트르담 성당이 지어진 직후로 돌아가 보면 지금 우
리가 보는 것과 다른 부분이 무엇일까?

가장 눈에 띄는 건 교회에 의자가 없다는 사실이다.

교회 의자의 등장

그렇다. 과거 성당 건물에는 지금과 같은 긴 나무 의자(이런 의자를 '퓨pew'라고 한다)가 없었다. 그럼 사람들은 어디에 앉아서 미사를 드렸을까? 이상하게 들리겠지만, 당시에는 앉아서 미사를 드리지 않았다. 중세시대 성당을 묘사한 그림 속 사람들은 넓은 교회 실내에 서 있거나 가끔 무릎을 꿇고 있을 뿐 의자는 어디에도 보이지 않는다. 사람들이 많이 모이는 넓은 공간에 의자가 없었다는 게 조금 낯설게 느껴질 수도 있지만 공공장소에 사람들이 앉을 수 있도록 의자를 놓는 것은 자연스러운 일이 아니었다.

유럽 기독교의 역사는 로마 문명과 함께 시작되었다. 이스라엘, 즉 중동지역에서 시작된 기독교가 유럽으로 확산되는 과정에서 로마 문화를 흡수했고, 그중 대표적인 것이 모임 장소인 성당이다. 로마에는 고대 그리스에서 이어진 신전 건축양식에 기원을 둔 바실리카basilica라는 공공건물 양식이 존재했고, 기독교의 교회는 그 양식을 이어받아 서서히 우리가 지금 알고 있는 성당의 모습으로 변형시켰다.

그런데 원로원 같은 장소를 제외하면 고대 로마인들은 공공장소에 많은 사람이 줄지어 앉는다는 것 자체를 생소하게 생각했을 것이다. 그들에게 앉는다는 것은 오늘날 우리가 생각하는 것과 다른 개념이었다. 지중해 문화가 대개 그렇듯이 로마 사람들은

7대 성사 제단화(1445~1450, 로히어르 판 데르 베이던)

성경 속 장면을 15세기 성당을 배경으로 그린 이 그림을 보면 성당 내에 의자가 없다는 것을 알 수 있다.

테이블에 똑바로 앉아서 식사하지 않았고, 침대처럼 생긴 소파에 기대어 누워서 음식을 먹고 술을 마셨다. 집에서는 의자를 사용했지만 앉는 것은 오늘날보다 훨씬 친밀하고 사적인 영역이었다.

그들이 공공건물에 모여서 중요한 논의를 할 때는 대개 바실리카 같은 큰 홀에서 둘러선 채로 이야기했다. 지금처럼 노트나 필기구를 들고 다니지 않았기 때문에 굳이 테이블을 사이에 두고 둘러앉았을 가능성도 적다. 성당이라는 공간은 그렇게 공공장소에서는 으레 서 있는 문화에서 발전했기 때문에 중세 유럽의 교회에서는 사람들이 모여 서서 미사를 드렸고, 성당 내부에 빙 둘러 있는 '앰뷸러터리'라는 복도를 돌아다니며 묵상하거나 기도하는 등 지금의 예배 방식과는 사뭇 다른 모습이었다.

청중의 탄생

그렇다면 성당에 우리에게 익숙한 교회 의자가 설치된 것은 언제부터일까? 교회사를 연구한 사람들에 따르면 15세기부터 지금과 같은 긴 교회 의자가 보편화되었다고 한다. 그 계기는 흥미롭게도 종교개혁이었다. 과거 로마 가톨릭교회의 미사에서 중요한 것은 의식이었지 설교가 아니었다. 하지만 종교개혁 진영에 속한 개신교 교회에서는 자신들이 왜 로마 교황청과 갈라서게 되었는지를 일반 신도들에게 차근차근 설명해야 했고, 일반 신자도 사제와 차별되지 않는다는 '만인사제론'에 따라 누구나 교리를 알아야 했다. 그 결과 설교가 길어지니 사람들이 계속 서 있을 수 없어 앉을 자리가 필요했던 것이다. 따라서 교회 의자는 개신교에서 먼저 등장했다.

하지만 구교도 질 수 없었다. 개신교와 프로파간다 전쟁을 벌이다 보니 서로 내부 단속을 벌이는 과정에서 가톨릭 진영에 속한 교회들에서도 설교가 길어졌고, 신자들은 교회에서 '청중' 역할을 하게 된 것이다. 오늘날 개신교 교회와 가톨릭 교회 모두에서 의자를 볼 수 있는 건 그 결과다.

하지만 종교개혁과 함께 지금 형태의 의자가 바로 등장한 것도 아니다. 지금도 영국이나 미국 동부의 오래된 교회에 가보면 의자들이 마치 사무실 파티션 같은 칸막이 안에 ㄷ자 형태로 배치된 것을 쉽게 볼 수 있다. 함께 교회에 온 가족이 다른 사람들과 섞이지 않고 따로 앉기 위해 마련된 이런 좌석은 경우에 따라서는 아주 높은 칸막이와 커튼까지 동원한 완벽한 프라이버시를 제공했다. 최고급 항공사의 퍼스트클래스가 연상된다면 우연의 일치가 아니다. 이런 칸막이석은 교회에 헌금을 많이 한 집안만이 앉을 수 있는 지정석인 경우가 많다.

반면 가톨릭 성당은 변화하는 시대에 맞춰 의자를 놓으면서도 등받이가 낮은 의자를 고집했다. 성당이라는 거대한 시각적 장치

존 캘빈: 그의 삶, 가르침, 그리고 그의 영향(윌리엄 월먼)

의자에 앉은 청중이 보인다.

를 해치기 싫었기 때문이다. 중세 가톨릭 성당은 건물 안팎이 하나의 거대한 구경거리, 즉 스펙터클이다. 가령, 오래된 성당 바닥에는 대개 아름다운 모자이크가 새겨져 있다. 그걸 만든 사람들은 훗날 그 모자이크가 긴 의자로 가려질 줄은 몰랐을 것이다. 사람들은 성당에 와서 벽화와 건물 안팎에 설치된 조각을 구경했는데 그렇게 하려면 능동적으로 돌아다녀야 했지 앉아 있을 수 없었다. 지금의 기독교 신자들이 강의실에 앉아 있는 학생이라면 당시 신자들은 미술관을 돌아다니는 관객에 가까웠다.

하지만 개신교는 달랐다. 종교개혁의 교리에 따라 건물 내 장식을 모두 없앴고 목사의 설교, 즉 '말'이 예배의 핵심이 되었다. 거기에 집중할 수 있는 공간을 제공하는 형태로 발전한 것이다. 높은 칸막이석은 로마 가톨릭과 구분되는 개신교의 상징이었으므로 19세기 영국의 한 추기경이 교회 의자를 칸막이가 없는 낮은 의자로 교체하려고 하자 "개신교를 지키는 성벽을 허물고 로마 가톨릭의 더러운 때를 묻히려 한다"라는 비판을 받기도 했다.

'앉기'라는 사적 행위 ◖

근대 이후 대도시의 성장으로 현대인은 지하철이나 극장 같은 공공장소에서 다른 사람들과 함께 앉는 일에 익숙해졌다. 하지만

영국 노포크에 있는 세인트 마틴 교회 칸막이석

지금도 앉는 것은 그렇게 단순하지 않다. 서 있는 것과 달리 타인과 함께 앉는 순간 거기에는 문화와 전통이 개입하고, 공적 영역과 사적 영역이 부딪친다. 일본에는 전통적 다다미방이 현대적 거실과 공존하고, 우리나라 연안 여객선에는 신발을 벗고 들어가는 '3등실'이 있다. 마치 찜질방처럼 생긴 이곳은 앉을 수도 있고 누울 수도 있는 전통적 공간으로, 비행기나 기차 등 다른 교통수단에서는 볼 수 없는 특이한 객실이다.

사람에 따라서는 환한 객실에서 벌렁 누워 자는 모습을 다른 많은 승객에게 보여주는 것은 자신의 프라이버시를 상당 부분 포기해야 하는 어려운 일이지만, 나이가 많은 승객일수록 별로 개의치 않는 듯 보인다. 어쩌면 그들은 여객선 3등실을 이웃과 함께 바닥에 앉아서 이야기 나누던 사랑방의 연장선으로 생각할지도 모른다.

고대 로마 시민들이 모여서 재판 등의 공적 임무를 수행하던 바실리카 전통에서 출발한 유럽의 성당이 의자를 놓고 '앉기'라는 사적 행위를 하도록 한 것은 연안 여객선 선실에 비닐장판을 까는 것만큼이나 어색한 일이었다.

노트르담 성당을 설계한 사람들은 신자들이 성당에 의자를 놓고 앉으리라고는 꿈에도 상상하지 못했을 것이다. 하지만 문화는 끊임없이 변화한다. 처음부터 거기에 있었던 것은 없다.

사람들은 언제부터 카메라 앞에서 웃었을까

흔히 아시아인들은 서양인들에 비해 표정이 무뚝뚝한 편이라고 생각하지만, 사실 모든 서양인이 그런 게 아니고 미국인들이 많이 웃는다. 유럽인들 중에는 미국인이 불필요하게 미소를 짓는다고 생각하는 사람들이 많다고 한다.

이미지 생산과 관련해서 21세기가 20세기와 크게 다른 점 하나를 꼽으라면 모든 사람이 항상 카메라를 들고 다니게 되었다는 사실이다. 물론 여기서 카메라는 스마트폰에 달린 카메라를 말한다. 한때 애플은 '세상에서 사진을 가장 많이 찍는 카메라는 아이폰'이라고 자랑했을 만큼 스마트폰은 디지털 카메라를 대중화하는 데 결정적 역할을 했다. 그 결과로 이제 사람들은 항상 카메라

렌즈 앞에 선다. 셀카는 물론이고 친구, 가족, 연인들은 서로서로 모습을 찍어주고 간직한다. 인류 역사에서 평범한 개인들의 이미지가 이렇게 많이 기록되고 공유된 적은 없다.

그러다 보니 사람들은 자신의 모습에 민감해졌고, 어떤 각도로 카메라를 향하고 어떤 표정을 지어야 자신이 가장 멋있게 나오는지 배우게 되었다. 그리고 거의 예외없이 사람들은 카메라 앞에서 미소를 짓는다. 사람들에 따라서는 자신만의 '사진 잘 나오는 공식'을 지나치게 엄격하게 적용하기도 한다. 어떤 모임, 어떤 장소에서 찍어도 사진 속에서 항상 똑같은 미소를 짓고 있는 친구들이 다들 한두 명은 있을 것이다. 그런데 사람들은 왜 카메라 앞에서 미소를 지을까?

무표정이 대세?

'웃는 모습이 보기 좋으니까'는 답이 될 수 없다. 사진기가 발명된 직후인 19세기에 찍힌 초기 사진에서는 웃는 모습을 찾기 어렵다. 20세기 초까지 사진을 보면 동서양을 막론하고 사진 속 인물들은 무표정하다. 물론 여기에는 기술적 요인도 무시할 수 없었을 것이다. 초기에 사진을 한 장 찍으려면 카메라 앞에서 몇 십 분 동안 움직이지 않고 서 있어야 했는데, 그렇게 오랫동안 미

여인(1630, 프란스 할스)

소를 짓다가는 얼굴 근육에 경련이 일어났을 테니까 말이다.

하지만 문화적 요소가 더 중요하다. 왜냐하면 사진을 1초도 안 되는 짧은 시간에 찍을 수 있게 된 후에도 아주 오래도록 사람들은 사진기 앞에서 웃지 않았기 때문이다. 옛날 사람들이라고 해서 사진에 좋게 남고 싶지 않았을 리는 없다. 사진을 평생 한 장 찍힐까 말까 하는데 좋게 보이고 싶었던 것은 당연하다. 다만 웃는 모습은 좋은 모습이 아니라는 생각에 웃지 않았던 것이다.

웃는 모습이 좋지 않다니? 이 수수께끼를 풀려면 미술사를 거슬러 올라가야 한다. 우선 초상화 역사에서 제일 먼저 눈에 띄는 것은 자기 초상화를 그리게 할 만큼 지위가 높은 사람들은 그림에서 거의 웃지 않았다는 사실이다. 심지어 1980년대까지만 해도 우리나라 관공서에 걸린 대통령 사진에서는 무표정에 가까운 '근엄한' 얼굴을 볼 수 있다. 같은 논리로 동서양을 막론하고 고관대작들은 근엄한 무표정이 자신을 가장 돋보이게 한다고 믿었다. 왜 그렇게 생각했을까?

문화와 상징을 연구하는 크리스티나 코체미도바 교수는 웃음이 오랫동안 '정신병을 앓고 있거나, 외설적이거나, 시끄럽거나, 술에 취한 사람'이라는 메시지를 전달했다고 설명했다. 옛날 사람이라고 평소에 웃지 않았다는 게 아니라 그림에 웃는 모습, 특히 이가 드러나도록 웃는 모습으로 등장하는 것은 그렇게 미성숙한 인격, 천박한 성격이라는 부정적 의미를 담고 있었다는 것이다. 평소에 술을 마시는 사람이라도 술을 들이켜는 사진을 SNS에 프로필 사진으로 올리지 않는 것처럼 웃는 것과 웃는 얼굴로 그림이나 사진에 등장하는 것은 다르다는 얘기다.

웃는 건 미성숙하고 천박해

유럽 미술사에서 초상화에 웃는 얼굴이 본격적으로 등장한 것은 17세기에 네덜란드에서 활동했던 프란스 할스(1580~1666)의 작품에서였다. 하지만 그가 그린 초상화 중에서도 중상류층 사람들은 거의 웃지 않거나, 웃어도 희미한 미소만을 지을 뿐인 반면, 술 취한 혼혈인, 집시, 어린 소년들은 이를 내보이며 웃고 있다. 한국도 크게 다르지 않다. 조선 후기 화가 강세황(1713~1791)이 그린 자화상에는 엄격한 표정을 한 양반 얼굴이 있지만, 비슷한 시기에 화가 김홍도(1745~1806?)가 그린 풍속화 속 평민들 얼굴에는 간간이 웃음이 보인다. 하지만 같은 그림에서도 웃고 있는 사람은 철없는 소년들이거나, 웃통을 풀어헤치고 마당에서 일하는 하인 혹은 소작농이다. 그들을 지켜보는 훈장이나 주인 같은 양반들은 웃지 않는다.

그럼 이렇게 천시되던 웃음은 언제부터 지금과 같은 대접을 받게 되었을까? 몇 해 전 미국 버클리대학교에서 흥미로운 연구 결

서당(김홍도, 1780년경)

과를 발표했다. 1900년대부터 2010년대까지 미국 고등학교 학
생들의 학교 앨범 사진 3만 7,000여 장을 모은 후 10년 단위로
남녀 학생의 평균 얼굴을 추출해 변화 추이를 살핀 것이다. 연구
결과를 보면 1900년대 초만 해도 학생들은 입을 꼭 다물고 사진
을 찍었다. 하지만 1940년대에 들어서면 여학생들은 본격적으로
이를 드러내며 웃음을 띤 얼굴로 등장하고, 남학생들도 1940년
대부터는 표정이 조금씩 밝아지고, 1970년대부터는 이를 드러내
고 웃는다.

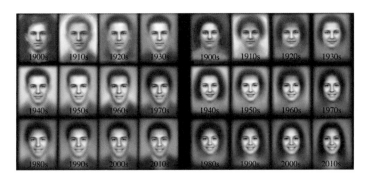

미국 버클리대학교 연구 논문에서 소개한 고등학교 앨범사진 속 표정 변화

앨범에서 남학생이 여학생보다 웃기 시작하는 시점이 더 늦은 이유를 살펴보는 것도 재미있는 연구 주제가 되겠지만, 그에 앞서 사진 속, 그림 속에서 웃는 것이 사회적으로 부정적 인식에서 벗어났다는 것은 흥미로운 일이 아닐 수 없다. 그 시점에서 대체 무슨 일이 일어났길래 그런 변화가 생겼을까?

광고 사진이 인식을 바꾸다

앞서 언급한 문화학자 코체미도바에 따르면 그 변화는 사회변화와 함께 자연스럽게 일어났다기보다는 특정 기업의 의식적인 노력과 홍보의 결과라고 보는 것이 맞다. 그 기업은 바로 '코닥필름'이다. 20세기 전반기는 코닥이 미국 필름시장을 사실상 독점하던 시기였다. 부자들이나 탈 수 있었던 자동차를 모델 T로 대중화한 포드자동차와 마찬가지로, 코닥은 19세기까지만 해도 부자들이나 찍을 수 있던 사진을 대중화했다.

그때 걸림돌은 사람들의 인식이었다. 당시 사람들에게 사진이 찍힌다는 것은 특별히 즐거운 경험과는 거리가 멀었다. 초상화를 그리는 화가 앞에 오래 앉아 있는 것만큼 괴롭지는 않았겠지만 특별히 즐거운 일도 아니었다. 세상에 존재하지 않던 새로운 제품을 성공시키려면 좋은 기능만으로 안 되고, 반드시 사용자의 행동 변화가 수반되어야 한다. 구글 글래스가 실패한 것도, 아이폰이 등장하기 전까지 스마트폰이 대중화되지 못했던 것도 바로 사람들의 행동을 변화시키지 못했기 때문이다. 그것이 코닥이 맞닥뜨린 문제였다.

하지만 코닥에는 특별한 무기가 있었으니 바로 빠르게 성장하던 미국의 광고산업이었다. 당시 미국 광고업계는 공포와 경고의 메시지를 전달해서 물건을 파는 기존의 광고기법을 버리고 사람들에게 행복감과 즐거움을 약속하는 쪽으로 방향을 전환하고 있었다. 특정 제품을 사용하지 않으면 손해를 본다는 메시지 대신 사용하면 행복해진다는 메시지를 전달하는 식이었다. 이런 새로운 광고의 흐름에 따라 코닥은 '사진 속 인물은 행복한 사람'이라

1913년의 코닥 광고

는 메시지를 전달하기로 전략을 세웠고, 이런 메시지를 전달하기에 가장 좋은 방법은 사진 속 인물이 활짝 웃고 있는 광고였다.

1900년대 중반까지 몇십 년에 걸쳐 당대 최고 잡지들에 광고를 퍼부었던 코닥은 그렇게 서서히 웃음에 대한 대중의 인식을 바꿨고, 그 효과는 버클리 연구에서 보듯 서서히, 그러나 확실하게 나타났다.

지금은? 단체사진을 찍을 때 무표정하게 있으면 '화났느냐'는 말을 듣기 십상이고, 웃지 않는 사진 밑에는 '무슨 일 있느냐'는 댓글이 달린다. 과거에는 중립적이었던 무표정이 이제는 분노와 슬픔으로 해석될 만큼 웃음이 흔해진 세상이다. 하지만 그 웃음이 사진 속 인물의 진짜 감정이라는 보장은 없다.

단체 기념사진은 언제, 누가 시작했을까

행사나 회의가 끝나면 꼭 단체사진을 찍는 단체나 조직이 있다. 처음에는 왜 그렇게 사진에 집착하는지 궁금했는데, 누군가 귀띔해줘서 알게 되었다. 그 사진이 행사를 했다는 일종의 증명이라고.

몇 해 전 오래된 사진 한 장이 인터넷에서 화제가 된 일이 있다. 1927년 세계에서 오래된 과학학술회의 중 하나인 '솔베이 콘퍼런스'에 모인 과학자들이 단체로 찍은 기념사진이다. 이 사진이 유명해진 이유는 사진에 등장하는 총 29명 가운데 무려 17명이 노벨상을 받았거나 훗날 받게 될 사람들이었기 때문이다. 맨 앞줄에는 막스 플랑크, (우리에게는 '퀴리 부인'으로 알려진) 마리 퀴리,

알베르트 아인슈타인 등이 앉아 있고, 둘째 줄과 맨 뒷줄에는 베르너 하이젠베르크, 닐스 보어, 오귀스트 피카르처럼 이공계생이라면 과학책에서 한 번쯤 봤을 인물들이 있었다.

하지만 이렇게 과학계의 엄청난 별이 한자리에 모여서 사진을 찍은 예를 찾기가 쉽지 않아서 이 사진이 유명해졌을 뿐 비슷한 일을 하는 사람들이 이렇게 모여 사진 찍는 일 자체는 우리에게 낯설지 않다. 21세기를 사는 우리도 단체로 기념사진을 찍는다.

1927년 국제 물리학 솔베이 콘퍼런스 다섯 번째 회의 참석자

'세상에서 가장 똑똑한 사람들이 한자리에 모인 사진'이라는 별명이 붙은 기념사진

(사진: 벤저민 쿠프리)

우리는 학교나 직장에서 함께 지내는 사람들과 혹은 동호회나 콘퍼런스에서 만난 사람들과 줄지어 앉거나 서서 단체사진을 찍는 일이 흔하다.

단체 기념사진이 사진기보다 앞섰다? ◀

그런데 우리는 언제부터 이렇게 단체로 기념사진을 찍었을까? 이는 하찮은 질문일지 몰라도 대답하기는 쉽지 않다. 왜냐하면 단순히 사진기가 발명되었다고 해서 갑자기 단체로 기념사진을 찍는 새로운 인간행동이 등장하지는 않았을 것이기 때문이다.

흥미롭게도, 단체 기념사진이라는 개념은 사진기보다 먼저 등장했다. 이게 무슨 얘기일까? 이를 설명하려면 먼저 단체 기념사진 혹은 기념하기 위한 단체초상group portrait을 정의해볼 필요가 있다.

단체사진이 성립하려면 제일 먼저 등장인물이 실제로 한자리에 모여야 한다. 여러 사람 모습을 한 그림 안에 넣은 예는 역사적으로 많았다. 하지만 등장인물들이 실제로 한자리에 모인 적이 없는데 화가가 그려 넣었다면 상상화에 불과하다. 대표적인 예가 르네상스 화가 라파엘(1483~1520)이 그린 〈아테네 학당〉이다. 소크라테스와 아리스토텔레스, 플라톤을 비롯해 에피쿠로스, 피타고라스, 페리클레스 등 그리스 철학, 사상을 대표하는 인물 20명

아테네 학당(1511, 라파엘)

그림에 등장하는 많은 인물이 실존했지만 다른 시대를 살았으므로 모두 한자리에
모인 적은 없다는 점에서 이 그림은 상상화다.

가량을 한 화면에 담은 이 그림은 언뜻 단체초상처럼 보인다. 하지만 등장인물들이 활동한 시대가 서로 달라서 한자리에 모여서 포즈를 취했을 리 만무하므로 라파엘의 상상일 뿐 단체초상이라고 하지 않는다.

둘째, 그들이 실제로 한자리에 모였다고 해도 화가나 사진기가 그 자리에 없었으면 그 역시 상상화에 불과하다. 레오나르도 다 빈치가 그린 〈최후의 만찬〉에는 예수와 열두 제자가 등장하지만, 그림이 그려진 건 그들이 모이고 1,500년이나 지난 후이므로 단체초상 혹은 단체사진이 아니다. 화가는 만찬장을 직접 보고 그리지 않았다.

마지막으로, '단체'초상이 되려면 단순히 복수의 인물이 모인 것이 아닌, 같은 단체에 속하는 지위가 동등한 사람들의 모습이어야 한다. 17세기 스페인 화가 디에고 벨라스케스(1599~1660)의 작품으로 유명한 〈라스메니나스(시녀들)〉는 어린 왕녀를 중심으로 시녀들이 늘어서 있고, 거울에는 왕과 왕비도 등장하지만 아무도 단체초상이라고 하지 않는다. 이 그림은 주인공이 분명하고 나머지 인물은 조연으로 등장하기 때문이다.

인류 역사에서 많은 그림이 그려졌지만 위의 단순한 세 가지 조건을 모두 충족하는 그림을 찾기 쉽지 않다는 사실이 낯설게 느껴진다면 우리가 현대를 너무나 당연하게 받아들여서일지 모른다. 인류는 오래도록 눈앞에 있는 것보다는 상상하는 것을 그렸고, 그림에 등장하는 사람들의 지위가 평등하게 된 것은 비교적 근래의 일이다.

기념사진 말고 기념초상화

그렇다면 지위가 비슷한 복수의 인물들이 화가나 카메라 앞에 앉아 있는 단체초상은 언제 처음 등장했을까? 미술사가들에 따르면 그 시기는 지금의 네덜란드 지역에서 렘브란트와 프란스 할스가 활동하던 17세기다. 흔히 '네덜란드의 황금시대'라고 불리는 17세기는 네덜란드가 스페인을 상대로 독립을 쟁취하던 시기인 동시에 부유한 시민들(부르주아 계급)이 당시에 보기 드문 민주주의를 이룩해낸 시점이기도 하다. 그들이 만들어낸 '부르주아 민주주의'와 함께 탄생한 것이 바로 네덜란드인의 단체초상이다.

네덜란드 특유의 단체초상 가운데 가장 대표적인 작품이 렘브란트(1606~1669)의 〈포목상 조합 이사들〉이라는 작품이다. 포목장사로 부자가 된 그림 속 인물들이 함께 모여서 (지금의 기념사진과 같은) 기념초상을 남기게 된 이유는 무엇일까? 어렵게 생각할 필요 없이 우리가 왜 기념사진을 찍는지 상상해보면 된다. 어떤 의미에서 이 그림이 그려진 17세기는 우리가 사는 21세기와 크게 다르지 않기 때문이다.

포목상 조합 이사들(1662, 렘브란트)

사진 속 주요 인물 한두 사람이 옷차림 등으로 쉽게 구분되는 귀족 그림들과 달리 이 그림 속 인물들은 같은 옷을 입은 동등한 지위의 시민으로 묘사되어 있다.

당시 네덜란드에는 자본주의가 등장하기 시작해 왕족의 힘이 기울고 부르주아 계급이 전면에 등장하고 있었다. 그림 속 인물들은 각자 자기 사업으로 풍요롭게 살지만, 포목업이라는 업계 전체의 이익을 위해 조합(길드) 일에 특별히 시간과 노력을 투자하고 있었다. 오늘날 어느 정도 먹고살 만해진 사업가나 직장인이 따로 시간을 내어 비영리단체나 자선단체에 가입해 활동하는 것과 다르지 않다. 하루하루 간신히 입에 풀칠하는 사람들과 달리 이들은 공익을 위해, 자기만족을 위해 시간을 낼 수 있었고, 자신이 그런 위치에 있음을 뿌듯하게 생각했다. 이런 사람들은 소속된 단체의 모임에서 반드시 기념사진을 찍는다. 렘브란트 그림 속 이사들도 똑같은 생각을 한 것이다. 다만 당시에는 사진기가 아직 없었으니 렘브란트라는 걸출한 화가를 부른 것이다.

사진값은 더치페이?

그런데 여기에서 궁금한 것이 있다. 기념사진과 달리 기념초상화를 그리는 데는 제법 큰돈이 들어간다. 그렇다면 그 돈은 누가 냈을까? 네덜란드 사람들을 영어로 '더치'라고 한다. 그렇다. 사진에 등장한 사람들이 그림 제작에 들어가는 비용을 각자 나눠서 냈다. 물론 '더치페이going Dutch'라는 말은 네덜란드와 경쟁 관계에 있던 영국인이 다소 비하적으로 만들어내기는 했지만 집단에서 구성원이 동등한 대우를 받고 그에 맞춰 각자 동등한 의무와 책임을 지는 네덜란드 시민들의 관습은 주변국 사람들 눈에 몹시 특이해 보였다고 한다.

네덜란드 사람들이 얼마나 계산에 철저한가 하면, 그림에 등장하는 사람들이 모두 그림 비용을 부담하기는 했지만, 화면 중앙에 앉아서 중심인물처럼 보이는 사람은 주변부에 서 있는 사람들보다 더 많은 비용을 부담했다고 전해진다. 사실 생각해보면 우리도 별반 다르지 않다. 사람들과 모여 찍은 사진을 꺼내 보면 대개 연배나 지위가 가장 높은 사람들이 가운데 앉아 있고, 그들이 그날 저녁식사 비용이나 찻값을 냈을 가능성이 높기 때문이다.

하지만 여기에서 중요한 것은 비록 모임에서 중요도 차이는 있을지 몰라도 그들이 넓은 의미에서 동등한 위치에 있었다는 사실이다. 같은 일을 하는 비슷한 부류의 사람들이 모임을 하고 그걸 기념하기 위해 그린 단체초상화는 그렇게 이미 근대에 들어선 17세기 네덜란드에서 사진기보다 먼저 탄생한 것이다. 같은 시기 네덜란드에서 원시 형태의 사진기인 '카메라 옵스쿠라'를 이용해 그린 그림이 큰 인기를 끌었다는 사실은 아마 완전한 우연은 아닐 거다.

카메라 없이 스냅숏을 찍은 마네

멋지게 잘 나온 셀카보다 더 좋은 사진은 다른 사람이 잘 찍어준 내 사진이다. 그런데 다른 사람이 찍어준 사진 중에서도 내가 다른 곳을 볼 때 자연스럽게 찍어준 스냅사진이 제일 좋다. 우리는 모두 누군가 나를 그렇게 멋있게 봐줬으면 하는 마음이 있다.

미술사가들은 흔히 에두아르 마네(1832~1883)를 가리켜 '최초의 모더니스트(현대화가)'라고 한다. 하지만 일반인들 눈에 마네는 인상파 화가인 모네나 입체파 화가인 피카소처럼 쉽게 눈에 띄는 화풍이 없고 이전 화가들 그림과 크게 다른 점이 보이지 않는다. 등장인물이 19세기 옷을 입고 현대적 환경에 있다는 것 말고는 17, 18세기 여느 그림 속 인물들과 크게 달라 보이지 않는데 왜

철도(1873, 에두아르 마네)

마네는 두 등장인물이 누구인지, 어떤 관계인지 짐작할 수
있는 어떤 흔적도 남기지 않았다.

학자들은 마네를 특별하게 취급할까? 그가 1873년에 그린 〈철
도〉라는 작품에서 단서를 찾을 수 있다.

〈철도〉 혹은 〈생라자르역〉이라고 불리는 이 그림은 수수께끼
같다. 마네는 이 그림을 그리기 10년 전에 이미 〈풀밭 위의 점심
식사〉, 〈올랭피아〉 같은 선언적인 작품으로 프랑스 화단에 충격

을 주었다. 서양 미술사에 잘 알려진 주제를 현대적 시각으로 풀어내는 바람에 비판과 조롱을 받은 마네는 〈철도〉에서 평범해 보이는 젊은 여성과 어린 여자아이를 등장시켰다. 티치아노나 라파엘 같은 르네상스 거장들의 그림에 바탕을 둔 〈올랭피아〉나 〈풀밭 위의 점심식사〉 같은 작품과 달리 〈철도〉는 과거의 어떤 그림도 연상시키지 않는다.

스치듯 평범한 일상 그려내

그뿐 아니다. 무릎 위에 갓 태어난 듯한 강아지와 책을 올려놓은 이 여성과 등을 돌리고 서 있는 아이는 그 정체를 알 수 없다. 사람들은 이 여성이 아이 엄마인지, 이모인지, 아니면 아이를 봐주는 보모인지 궁금해했지만, 그림에서는 아무런 단서를 찾을 수 없다. 게다가 화면 구성까지 어설퍼 보인다. 젊은 여성이 화면 왼쪽으로 많이 치우쳐 있으니 여자아이가 중심인물일 것 같은데, 아이는 정작 등을 돌리고 있다. 그림 제목이 〈철도〉이고 당시 가장 크고 붐비던 생라자르역을 그렸지만 기차는 보이지 않고, 보기 흉한 검은 철창이 보는 사람의 시선을 가리고 있다. 마네는 무슨 생각으로 이 작품을 그렸을까?

사실은 이 그림의 어정쩡한 구도, 정체를 알 수 없는 등장인물

풀밭 위의 점심식사(1863, 에두아르 마네)

르네상스 화가 라파엘의 판화에 등장하는 강의 신들에서 모티프와 구도를 가져왔지만 현대적인 묘사로 관객들에게 충격을 주었다.

이야말로 마네가 현대화가, 즉 모더니스트임을 보여주는 요소들이다. 마네는 당시에는 존재하지도 않았던 '스냅숏'을 그림으로 표현한 것이다. 스냅숏은 예술적 표현이나 보도용 사진으로 사용할 의도 없이 일상의 모습을 대충 찍은 사진을 말한다. 미리 계획하지 않고 찍은 사진이라서 구도랄 것도 없고, 초점도 잘 맞지 않은 사진이 대부분이고, 사진 속 장면에 특별한 의미나 주제가 없다. 그야말로 아무 생각 없이 눈앞에 있는 것을 찍은 사진이다.

하지만 스냅숏 사진과 마네의 이 그림에는 큰 차이가 있다. 스냅숏은 카메라로 손쉽게 찍으면 그만이지만 마네는 가로 114센티미터, 세로 93센티미터 캔버스에 오랜 시간을 들여서 그려야 했기 때문이다. 당시 사람들은 마네가 불완전한 구도로 주제를 알 수 없는 장면을 정성껏 그린 이유를 이해하지 못했다. 〈올랭피아〉와 〈풀밭 위의 점심식사〉는 논쟁거리라도 되었지만, 대중과 비평가들의 눈에 〈철도〉는 그냥 '못 그린' 그림이었을 뿐이다.

시대를 앞선 미술가 마네

그러나 마네의 〈철도〉는 시대를 앞선 그림이었다. 마네가 〈철도〉에서 보여주려고 했던 현대세계의 모습은 1870년대 관객에게는 전달되지 않았지만 마네보다 100년 늦게 태어난 미국의 대표적 스냅숏 사진작가 개리 위노그랜드(1928~1984)가 사진으로 보여주었을 때는 대중도 마네가 보여준 '현대성(모더니티)'이 무엇인지 깨달았다. 길거리를 지나다가 마주치게 되는 장면을 가감 없이 사진에 담은 위노그랜드는 "내게는 사진 속 장면이 무슨 스토리를 담고 있는지 설명해야 할 의무는 없다. 잘 묘사할 의무만 있을 뿐이다"라고 했다.

그는 사진이 정해진 스토리를 전달하게 하는 것은 거짓말을 하는 것과 같다고 했다. 특정한 장면이 스토리를 갖고 있다는 것은 환상에 불과할 뿐이고, 작가는 눈앞에 펼쳐지는 장면을 잘 담기만 하면 된다고 믿었다. 이런 위노그랜드의 생각으로 〈철도〉를 보면 우리는 마네가 이 그림을 그린 의도를 충분히 이해할 수 있다. 그는 거창한 의미를 담은 웅장한 역사화를 그리던 선배 화가들과 달리, 자신이 사는 장소와 시간을 떠나지 않았다. 그림에 등장하는 생라자르역은 자신의 작업실 바로 옆에 있었다. 사람이 많이 몰리는 유명한 역이었지만, 그림으로는 무슨 역인지 알아보기도 힘들 뿐 아니라 그림에서 기차역임을 암시하는 요소는 방금 지나간 기차가 남겨놓은 증기뿐이다.

뉴욕시(1968, 개리 위노그랜드)

화면 왼쪽에서 놀고 있는 아이들은 오른쪽 두 여성의 아이들로 짐작되지만 어디까
지나 짐작일 뿐 우리는 그들의 스토리를 알 수 없다.

현대성의 특징인 익명성 잘 표현

마네는 그것이 현대성이라고 생각했다. 현대의 도시는 전통적 마을과 달리 사연도, 배경도 알 수 없는 익명의 사람들이 가득한 곳이다. 그런 장소에서 마주친 장면에 우리가 스토리를 부여할 수 있을지는 몰라도 그건 어디까지나 우리 머릿속에서 만들어낸 허구다. 〈철도〉에 등장하는 여성이 아이 엄마인지 아니면 보모인지 알 수 있는 흔적이 없는 것은 그 때문이다. 아이 얼굴을 볼 수 있으면 딸임을 알 수 있었을지 모르지만 마네는 아이 고개를 돌려 얼굴을 숨겨버렸다. 모델을 두고 스튜디오에서 작업했음에도 그림에 등장하는 모든 요소를 철저하게 우연히 마주친 풍경처럼 만든 것이다.

한 평론가는 이 그림에는 강아지와 책, 부채 등 다양한 소품이 등장하지만 그것들은 모두 팩트일 뿐 단서가 아니라고 설명했다. 여성의 얼굴은 완전한 무표정이고, 〈올랭피아〉와 달리 관객인 우리가 아닌 다른 뭔가를 멍하니 보고 있다. 아이 얼굴을 볼 수 있다면 아마도 똑같은 표정을 하지 않을까?

두 인물이 캔버스의 균형을 깨고 화면 왼쪽으로 치우친 것도, 인물의 다리가 잘려 나간 것도 마치 고개를 돌리다가 슬쩍 목격한 듯한 효과를 의도한 것으로 보인다. 단체사진이 존재하기 훨씬 전에 단체초상을 만들어낸 네덜란드 화가들과 마찬가지로, 마네는 스냅숏 사진이 등장하기 훨씬 전에 스냅숏을 그림으로 그려 낸 것이다. 〈철도〉는 마차를 타고 빠르게 지나가다가 내다본 창밖 풍경이라고 해도 지나친 말이 아니다.

이렇게 시대를 앞선 작품을 대중과 평론가들은 몰라봤을지 모르지만 진부한 역사화에 질려 있던 일군의 젊은 화가들은 놓치지 않았고, 마네가 추구하던 현대성이라는 주제를 이어받아 계속 발전시켰다. 그들이 바로 모네와 피사로 같은 인상주의 화가들이다. 마네는 인상파가 아니지만 인상파를 다룬 책들이 대개 마네로 시작하는 이유는 그가 사람들의 눈앞에 있으면서도 아무도 정확하게 표현하지 못했던 현대성을 짚어내 전달했기 때문이다.

도시에 사는 우리는 마네 그림에 등장하는 무표정한 사람들을 항상 목격한다. 우리는 그들이 누구인지, 어디서 와서 어디로 가는지 모르고, 무슨 사연이 있는지는 더더욱 알 수 없다. 그들 눈에 비친 우리도 마찬가지다. 그것이 마네가 발견한 현대성이다.

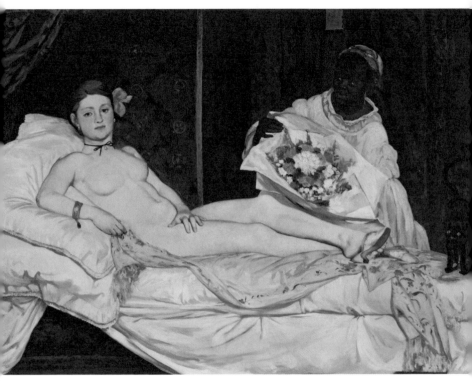

올랭피아(1863, 에두아르 마네)

티치아노의 〈우르비노의 비너스〉, 조르조네의 〈잠자는 비너스〉에 영감을 받아 그렸지만 음란하고 상스럽다고 비난받았다.

고대 그리스 · 로마 조각은 흰색이었을까

영어 단어 statue는 적절한 한국어 번역 표현이 없어 번역이 까다로운 단어다. 흔히 조각상, 동상으로 번역하지만 깎아서 만들지 않았다면 조각상이 아니고, 구리나 청동으로 만들지 않았다면 동상銅像이라 부르면 안 된다. 청동조각이라는 말은 동물인형人形만큼이나 어색하다.

어린 시절, 학교에서 근처의 사찰로 야외학습을 간 적이 있다. 동네에서 멀지 않은 절이었지만 불교와 거리가 먼 집안에서 자란 내게 절은 아주 낯선 곳이었다. 경내에 가득한 향 냄새, 스피커로 울려 퍼지는 목탁소리 등 내 감각을 통해 전달되는 모든 정보가 이질적이었지만, 그중에서도 가장 낯설었던 것은 시각 정보였다. 특히 사찰 입구에 있는 천왕문을 통과하면서 마주친 사천왕상은 거의 충격에 가까웠다. 사람보다 훨씬 큰 조각이 툭 튀어나올 것 같은 눈으로 내려다보는 모습은 어린 시절, 불교라면 그저 불상 정도만 알고 있던 나를 놀라게 하기에 충분했다.

물론 사천왕상이라는 형태 자체가 보는 사람들을 압도하도록 디자인되어 있기 때문에 내가 놀란 것은 당연한 일이었을 것이다. 하지만 아직도 내 기억에 생생하게 남아 있을 만큼 강렬했던 것은 사천왕상의 색이었다. 우리나라 전통 건축물에 사용된 단청丹靑과 비슷하게 청, 적, 황, 백, 흑이 사람 모습을 한 조각상에 적용되었다는 것이 더욱 충격적이었겠지만, 그것이 어떤 색이든 상관없이 거대한 인물상이 그렇게 채색되어 있다는 것 자체가 전달하는 느낌은 일종의 두려움에 가까웠다. 왜냐하면 그때까지 내가 본 인물조각은 채색되지 않은 것들이었기 때문이다.

하얀 대리석 조각이 정통?

지금이야 (가령 김경민 조각가의 작품 같은) 공공예술 등에서 채색된 인물상을 보는 일이 드물지 않지만, 조금만 오래된 조각상들을 생각해보면 대부분 채색을 꺼렸다는 사실을 발견할 것이다. 서울의 대표적 공공미술이라고 할 수 있는 광화문의 이순신상(1968)이나 비교적 근래에 세워진 세종대왕상(2009)에 페인트로

모세상(미켈란젤로)

교황 율리우스 2세 무덤에 만든 모세의 대리석 조각상. 르네상스 조각가들은 고대 그리스·로마의 조각들이 채색되지 않은 하얀 대리석이라고 믿고 전통을 이으려 했다.

사실적인 채색을 한다고 생각해보라. 멀쩡한 동상을 왜 천박하게 만드느냐고 항의가 빗발칠 게 분명하다. 그 두 동상은 추상조각이 아니고 실존인물을 사실적인 방법으로 묘사한 것이다. 그런데 그걸 더욱 사실적으로 보이도록 피부색과 곤룡포의 황금색과 붉은색을 칠하는 것이 왜 이상하게 느껴질까?

그 이유는 우리가 가지고 있는 조각에 대한 선입견 때문이다. 우리는 불상이나 사천왕상처럼 특별히 동양의 전통을 따르는 인물상이 아니라면 대부분 동상, 특히 인물상은 채색하지 않는다는 선입견이 있다. 그리고 그것은 서양의 전통에서 왔다. 우리나라에는 위인이나 유명한 인물 모습을 공공장소에 동상이나 석상으로 세우는 전통이 없었다. 따라서 한국의 길거리나 공원에 세워진 동상들은 모두 서양 문물을 받아들인 근대 이후 만들어졌다. 그런데 서양의 전통적 조각상들은 그것이 대리석으로 만들어졌든 청동으로 만들어졌든 상관없이 채색하지 않고 재료가 그대로 드러나 있고, 우리는 그 전통을 가져온 것이다.

가령 르네상스 조각의 거장 미켈란젤로(1475~1564)의 대리석상들을 보면 전혀 채색되지 않았다. 미술사라는 학문이 태동한 시점이 바로 르네상스 시기다. 훗날 모든 예술가의 존경을 받는 천재적인 대가들이 그 시기에 집중적으로 등장했기 때문이다. 게다가 우리가 아는 〈밀로의 비너스〉 등 고대 그리스의 조각들 역시 하얀 대리석으로 되어 있기 때문에 서양 미술사에서는 채색되지 않은 하얀 대리석 조각이야말로 정통이었고, 사람들은 그런 조각을 아름다움의 기준으로 생각했다. 그런데 그게 과연 사실일까?

조각 표면에서 물감자국 발견 ◖

세상의 모든 역사는 항상 새롭게 다시 쓰인다지만, 21세기에 들어와서 고대 그리스·로마 조각만큼 충격적인 변화를 겪는 역사도 드물다. 2003년 독일 뮌헨에서 시작되어 10년 넘게 전 세계를 순회한 '채색된 신들 Gods in Color'이라는 전시회는 고대 그리스·로마의 조각상들이 흰색이었다는 상식을 통째로 뒤집어버렸다. 독일의 고고학자 빈첸츠 브링크만이 오래 연구한 결과물을 전시한 이 전시회에서는 우리가 처음부터 하얀 대리석으로 제작된 줄 알았던 고대 석상이 대부분 화려하게 채색되어 있었다는 사실을 보여주었다.

브링크만과 다른 많은 학자의 연구를 따르면 고대 그리스와 로마의 석상들은 피부와 머리카락, 옷, 장식이 밝고 화려한 색으로 칠해져 있었다. 하지만 파괴되지 않고 후세에 전해진 조각상들은 햇볕과 비바람에 노출되어 수백 년이 지나는 동안 물감을 모두 잃었고, 땅속에 묻혔다가 꺼낸 조각의 표면에 남아 있던 물감은 발굴한 사람들이 흙을 떨어낼 때 함께 떨어져 나갔다. 그 결과

그리스 에기나섬 아파이아 신전(기원전 약 500년)의 궁수 조각상
대리석 조각에서 발견된 물감의 흔적으로 채색되었던 과거 형태를 재현한 모습.

르네상스 시절에 이르면 고대 조각상들은 모두 우리가 아는 하얀 대리석이었고, 르네상스라는 단어가 의미하듯 과거를 되살리려 했던 당시 예술가들이 자신의 작품에 색을 칠하지 않았던 것은 당연한 일이었다.

그렇다면 브링크만은 그 사실을 어떻게 알았을까? 1980년대 초 석사과정으로 연구하던 시절 그는 고대 조각가들이 어떤 종류의 도구로 돌을 깎았는지 연구하기 위해 특수한 전등을 사용해서 표면을 자세히 살펴보다가 석상 표면 구석구석에 물감 자국이 남아 있는 것을 발견했다. 그런데 그런 자국은 한 석상에만 있는 것이 아니었다. 그 사실을 알게 된 브링크만이 연구를 시작한 것이다.

하얀 대리석이 정통이라는 통념

그런데 여기서 한 가지 의문이 생긴다. 르네상스 이후 무수히 많은 미술사학자가 무수히 많은 그리스·로마 조각을 샅샅이 살피고 연구해왔는데 어떻게 1980년대에 들어서야, 그것도 대학원생 눈에 처음 띄었을까?

이 질문의 답은 바로 유럽인의 편견에 있다. 유럽의 고고학자들과 미술사학자들은 이미 오래전부터 고대 조각의 표면에서 물감자국을 발견했다. 하지만 그런 자국을 발견할 때마다 흙과 함께 열심히 털어버렸다. 그들 머릿속에는 르네상스 거장의 대리석 조각이 있었고, 그 거장들은 당연히 고대 조각들을 참고했을 테니 고대 그리스와 로마 그리고 르네상스를 잇는 채색되지 않은 하얀 대리석 조각이라는 계보를 가정하고 있었다.

그렇게 생각한 대표적 미술사학자가 그 유명한 요한 요하임 빙켈만(1717~1768)이다. 미세한 물감자국은 '신체는 희면 흴수록 아름답다'고 믿은 그의 눈에 띄지 않았고, 보였어도 대수롭지 않게 생각했다. 심지어 아무도 부인할 수 없을 만큼 분명한 물감 흔적이 발견되면 그 조각은 그리스 이전 다른 문명의 유물이라고 치부했다. 그리고 그런 그의 생각에서 백인우월주의의 느낌을 피하기 어려운 것이 사실이다. 왜냐하면 근대 이후 유럽의 인종차별 역사에서 백인의 우월성을 이야기할 때 그리스·로마의 대리석 조각은 꾸준히 등장해왔고, 지금도 많은 백인우월주의자가 그렇게 생각하기 때문이다.

18, 19세기 유럽학자들은 같은 지중해 문명에 속한 이집트에서 발견된 채색된 조각은 '비유럽 문화'이기 때문에 그런 것이고, 유럽 백인들은 순수한 흰색을 면면히 유지해왔다는 허구를 만들어내 믿었다. 20세기에 들어와서는 인종주의를 믿지 않는 예술가나 학자들도 흰색의 미학을 이어받았다.

다행히 브링크만을 비롯한 많은 학자의 노력은 21세기에 비로소 결실을 보았고, 많은 미술사 교과서에서 '채색된 그리스·로마 조각상'을 정설로 가르치고 있다. 하지만 고대의 채색 조각이 우리에게 가르쳐주는 것은 고대 그리스·로마 사람들의 사고방식만이 아니다. 우리의 편견과 굳은 사고는 눈앞에 있는 증거도 보지 못하게 할 수 있다는 사실이다.

우리에게 익숙한 흰색의 대리석 조각이 채색되었을 때 어떻게 달라지는지 보여주는 예.

PART 2

21세기 신의 형상

미국의 상징처럼 여겨지는 '자유의 여신상'
이 원래 아랍 여성을 모델로 했다는 애기가
화제가 된 적이 있다. 이 애기는 맞기도 하
고 틀리기도 하다. 조각가 프레데리크 바르
톨디가 자신의 어머니의 얼굴을 모델로 했다
는 게 중론이기 때문에 백인 여성인 건 맞다.
하지만 바르톨디는 원래 '아시아에 빛을 가
져다주는 이집트'라는 여신상을 수에즈 운하
입구에 세우기 위해 설계했는데, 이집트에서
비용 문제를 들어 취소하는 바람에 사용하지
못한 몸통 디자인을 몇 년 후 자유의 여신상
에 적용했다. 그런데 이 여신상은 이집트인
을 모델로 했으니 일부는 아랍 여성인 것도
사실이다.

그런데 수에즈 운하용 동상을 디자인하는 과
정에서 조각가가 참고한 것은 '로도스의 거
상'이라는 그리스 역사 속 대형 동상이다. 과
거에는 신앙의 대상이었던 신을 조각으로 만
들었지만, 19세기 사람들은 왜 굳이 가상의
신을 조각했을까? 사람들에게 익숙했기 때
문이다. 문화의 변화 과정에서 사회적 관습
은 종종 창작의 한계를 결정한다.

성모 마리아의 영원한 젊음

중세에 그려진 기독교 성화의 주제 중에 〈성모 마리아의 죽음〉이라는 게 있다. 세월이 흘러 예수의 제자들은 전부 노인이 되었지만 그들의 어머니뻘인 성모 마리아만은 여전히 젊은 여성이다. 그런데 정작 그림 속에서 나이가 들어 세상을 떠나는 사람은 마리아다.

한때는 크게 유행했지만 이제는 거의 듣기 힘들어진 표현 중 '미시missy족'이라는 말이 있다. 기억하는 사람들이 적지 않겠지만, 이표현은 1990년대 초 등장해서 큰 인기를 모았다. '결혼했지만 결혼하지 않은 사람처럼 꾸민 여성'을 가리키는 이 말의 의미를 이해하려면 당시 한국의 풍습을 알아야 한다. 여성이 결혼하면 뒤로 길게 딴 머리를 쪽을 한 머리로 바꾸던 조선시대에서 오랜 시간이 흘렀음에도 한국에서는 여성이 결혼하면 헤어스타일부터 바꾸는 게 일반적이었다. 긴 머리, 생머리를 파마, 특히 뽀글이 파마로 바꾸는 것이 바로 '결혼한 여자'임을 알리는 표시였다.

이게 언제 적 얘기냐 싶겠지만 30년도 채 되지 않은 얘기다. 상투를 잘라버린 단발령 이후 남자는 결혼해도 외모에 변화가 없는데, 왜 여자만 외모를 바꿔야 했을까? 오랜 세월 당연하게 여겨지던 이 관습에 1990년대 초 서울을 중심으로 여성들이 반기를 들기 시작했고, 결혼 후에도 헤어스타일을 바꾸지 않는 사람들이 눈에 띄게 늘어나자 보수적인 한국의 언론은 그들에게 "결혼하고도 결혼 안 한 척한다"는 뜻으로 미시족이라는 꼬리표를 붙였다. 하지만 '결혼한 여성의 헤어스타일'이 사라지면서 미시족이라는 표현도 빠르게 자취를 감췄다.

사실 당시 여성들은 언론에서 생각하듯 결혼한 것처럼 보이고 싶지 않았던 게 아니라 결혼했다고 해서 갑자기 나이 든 것처럼 보이고 싶지 않았을 뿐이다. 하지만 의도했든, 의도하지 않았든 미시족이라는 명칭이 등장한 시점에 한국 사회는 여성의 젊음을 결혼과 결부해서 이야기해야 하는 것인지에 대한 논의를 시작했다.

피에타(1499, 미켈란젤로)

아들 예수의 시신을 안고 있는 성모 마리아는 기록으로 보면 40, 50대 여성이어야 하지만 20대의 외모를 하고 있다.

성모 마리아가 아들 예수보다 더 젊다?

하지만 이는 우리나라에만 국한된 이야기가 아니다. 사람들은 여성이 결혼하지 않았다는 것을 젊음과 오래도록 동일시해왔다. 아니, 좀 더 정확하게는 '성관계를 하지 않은 여성은 젊은 여성'이라는 다소 어처구니없는 생각이 있었다. 이게 무슨 말인지 이해하려면 미켈란젤로의 명작 〈피에타〉를 보면 된다. 죽은 아들인 예수의 시신을 무릎에 올려놓고 한없는 슬픔에 잠긴 성모 마리아의 슬픈 시선은 조각가의 놀라운 솜씨와 함께 '모성애'를 대표하는 작품으로 오래도록 이야기되어왔다.

그런데 이 작품을 자세히 들여다본 적이 있는 사람들은 한 번쯤 이런 의문을 품어봤을 것이다. '죽은 아들은 30대인데 어머니가 너무 젊지 않나?' 사실이다. 예수가 33세에 죽었다고 알려져 있는데, 그걸 절대 모를 리 없는 미켈란젤로가 묘사한 성모 마리아의 모습은 잘해야 20대 초반 정도로 보인다. 그렇다면 미켈란젤로는 나이 든 여성의 모습을 묘사할 줄 몰라서 젊게 그렸을까? 그렇지 않다. 그의 다른 작품인 시스틴 채플의 천장화에는 나이 든 여성의 모습이 등장한다. 그는 마리아를 충분히 중노년의 여성으로 묘사할 수 있었다.

그렇다면 미켈란젤로는 마리아를 더 매력적으로 묘사하려고 한 살이라도 젊게 그렸을까? 그 가능성도 없지는 않겠지만, 로마가톨릭의 엄격한 기준에서 성모 마리아를 젊은 육체로 대상화했을 가능성은 크지 않다. 마리아는 한 살이라도 젊게 보이고 싶어하는 인스타그램 모델이 아니다. 21세기의 기준을 500년도 더 된 작품에 적용할 수는 없다.

그렇다면 그는 왜 마리아를 아들보다 젊게 묘사했을까? 시대를 바꿔 2011년으로 가보자. 당시 미국 가톨릭 교단은 작지만 의미 있는 논란에 휘말렸다. 가톨릭과 개신교를 막론하고 가장 권위 있는 성경 번역본으로 알려진 킹제임스본(KJV, 흠정역이라고도 한다) 탄생 400주년을 맞아 이를 현대인이 이해하기 쉬운 표현으로 바꾸는 과정에서 버진virgin, 즉 처녀라는 단어를 젊은 여성young woman으로 바꾸자는 주장이 설득력을 얻었기 때문이다.

성모 마리아의 영원한 처녀성

기독교에서 예수의 어머니 마리아는 처녀인 상태에서, 즉 성관계를 하지 않고 신의 아이를 잉태했다고 해서 '동정녀(처녀) 마리아'라고 불러왔는데, 그 표현이 정확하지도 않고 현대 정서에도 맞지 않으니 바꾸자는 주장이었다. 마리아에 대한 예언이 등장하는 구약성경은 히브리어로 기록되었는데, 그 대목에서 사용된 히브리어 '알마'는 처녀라기보다는 젊은 여성을 가리키는 말이었으니 그냥 '젊은 여자 마리아'로 바꾸자는 제안을 한 것이다.

사실 젊은 여성과 '성관계를 한 적이 없는 여성'이라는 의미의 처녀는 많은 사회에서 동의어처럼 사용되어왔다. 나이 든 사람들이 "다 큰 처녀가 행실이 왜 그래?"라고 꾸짖을 때 사용하는 처녀는 결혼하지 않은 젊은 여성이지 성관계 유무를 지칭하는 말이

메로데 제단화(1428, 로베르 캉팽)

그림에서 마리아는 20대 여성이지만 남편 요셉은 80이 넘은 노인으로 등장한다. 이는 당시 로마 가톨릭 전통에 따른 것이다.

아니다. 킹제임스본 성경의 개정을 주장하는 사람들도 그런 이유로 바꾸자고 했던 것이다.

하지만 동정녀 마리아를 젊은 여성 마리아로 바꾸는 것은 쉬운 일이 아니었고, 큰 반발을 불러일으켰다. 그도 그럴 것이 히브리어 성경 속 알마를 '처녀'로 번역한 후 기독교에서는 마리아의 처녀성을 거의 집착에 가깝게 주장했을 뿐 아니라 히브리 성경에는 등장하지 않는 이야기를 만들어내 보호해왔기 때문이다.

그런 전통은 개신교보다 구교인 가톨릭에서 훨씬 심했다. 가령 성경에는 "예수의 동생들"이라는 표현이 등장한다. 이 표현을 개신교에서는 마리아가 신의 아들인 예수를 낳은 후 남편인 요셉과의 사이에서 아들들을 더 낳았다고 이해하지만, 로마 가톨릭 전통은 그렇지 않다. 성모 마리아는 예수를 임신했을 때만 처녀였던 것이 아니라 죽을 때까지 처녀였다는 이른바 '영원한 처녀성'이라는 이론을 믿는다.

남성 중심 사회의 편견 때문

그렇다면 "예수의 동생들은 어떻게 생긴 거냐"라는 질문이 나온다. 이 모순을 해결하기 위해 중세 가톨릭 전통에서는 그들이 예수의 동생들이 아니라 형들이라고 해석한다. 그리스어로 쓰인

성모의 죽음(1606, 카라바조)

예수의 제자들은 이미 할아버지들이지만 성모 마리아는 죽는 순간까지 젊음을 유지하고 있다.

신약성경에서 사용된 단어 아델포스(ἀδελφοί, 형제)는 형과 동생을 구분하지 않기 때문이다. 즉, 성모 마리아가 요셉과 결혼했을 때 요셉은 이미 결혼해서 자식을 낳고 아내와 사별한 나이 든 남성이었고, 그렇게 재혼해서 데려온 사람들이 예수의 '형들'이라는 것이다.

가톨릭 전통은 거기에서 그치지 않고 요셉이 결혼 후에도 마리아와 성관계를 하지 않았다는 것을 확인하기 위해 결혼 당시 나이가 90 가까운 노인이었다고 설명한다. 15세기 플랑드르 지역에서 활동한 화가 로베르 캉팽(1375~1444)의 유명한 작품 〈메로데 제단화〉는 위와 같은 배경지식을 가지고 '읽어야' 한다. 화면 중앙에서는 젊은 마리아가 천사로부터 신의 아들을 잉태하게 되었다는 소식을 듣고 있고, 오른쪽에서는 수염이 하얀 한 노인이 목공일을 하고 있는데, 그 노인이 바로 가톨릭 전통에서 이야기하는 마리아의 노인 남편 요셉이다.

다시 〈피에타〉로 돌아가보자. 〈피에타〉뿐 아니라 당시 많은 예술작품이 성모의 '영원한 처녀성'을 표현하기 위해 마리아를 젊은 여성으로 묘사했고, 심지어 나이 들어 죽어갈 때도 할아버지가 된 사도들에 둘러싸인 젊은 여성으로 그려졌다. 중세까지 거슬러 올라갈 필요 없이 현재의 교황도 2017년 "성모 마리아는 죄를 짓지 않았기 때문에 영원히 젊은 것"이라는 설교를 했을 만큼 여성의 처녀성은 죄 없음, 더 나아가 젊음과 동일시되어왔다.

물론 이는 남성과 성관계를 한 여성은 더는 젊은 여성이 아니라는 말로 극히 차별적인 표현이기도 하다. 결국 결혼 후에도 파마하지 않고 생머리를 유지하는 여성들을 두고 굳이 '미시'라고 한 것은 결혼한 여성이 젊어 보여서는 안 되지 않느냐는 남성 중심적 사회의 오랜 편견 때문이다. 이제는 그 표현을 듣기 어려워졌다는 것도 진보라면 진보다.

고결한 야만인, 난폭한 야만인

할리우드에서 만든 영화에 등장하는 '원주민'들은 하나같이 쉽게 흥분하고 화를 잘 내는 무례한 성격으로 묘사된다. 지구상의 원주민뿐만이 아니다. 〈스타워즈〉나 〈아바타〉 같은 SF 영화 속 외계인들도 아주 제한된 어휘를 구사하거나 행동이 거칠다.

1900년대 중반 미국에서는 워너브라더스가 루니 툰이라는 브랜드로 다양한 캐릭터 TV 만화를 내놔 어린이들의 인기를 끌었다. 그때 등장한 캐릭터 중에는 '발 빠른 곤잘레스'라는 쥐가 있었다. '멕시코에서 가장 빠른 쥐'라는 별명이 있는 이 캐릭터는 멕시코 특유의 챙이 넓은 솜브레로 모자를 쓰고, 멕시코 농촌 사람들이 즐겨 입던 흰색 셔츠와 바지를 입은 전형적인 멕시칸 캐릭터였다.

그러나 워너브라더스는 곤잘레스 캐릭터를 1990년대 말 슬그머니 라인업에서 제외했다. 곤잘레스가 미국에서 큰 인기를 끄는 캐릭터도 아닌데, 멕시코 사람들에 대한 문화적·인종적 묘사가 정치적으로 올바르지 않다는 내부적 판단 때문이었다. 그런데 그 사정이 알려진 후 흥미로운 일이 일어났다. 멕시코의 루니 툰 시청자들과 라틴아메리카 시민연합이 발 빠른 곤잘레스를 되살려달라는 청원을 한 것이다. 워너브라더스가 걱정했던 것과 달리 곤잘레스는 멕시코와 라틴아메리카에서 큰 사랑을 받았는데 그 사실을 제작사가 몰랐을 뿐이었고, 이 사실이 알려진 후 곤잘레스는 다시 케이블 TV에 등장할 수 있었다.

워너브라더스가 여론이 두려워 곤잘레스를 은퇴시킨 것은 1990년대 미국 사회에 인종주의적 표현에 대한 반성의 물결이 일었기 때문이다. 대표적인 것이 디즈니 만화였다. 미국에서 유색인종 차별이 당연시되던 시절에 시작된 디즈니 만화는 인종차별적 콘텐츠로 가득했다. 디즈니사는 훗날 인권단체의 비판 앞에 사과하고 과거의 차별적 콘텐츠를 디즈니 역사에서 지우는 대신 역사의 교훈으로 삼기 위해 기록으로 남겨두기로 했다.

제임스 쿡 선장의 죽음(1779, 요한 조파니)

영국의 탐험가 제임스 쿡이 하와이 원주민들에게 죽임을 당하는 장면을 그린 그림으로 '난폭한 야만인'이라는 서구인들의 편견이 담겨 있다.

디즈니 만화의 인종차별적 콘텐츠

비슷한 일은 미국의 스포츠팀 마스코트에서도 일어났다. 메이저리그 야구팀인 클리블랜드 인디언스는 인디언을 코믹하게 묘사해서 비판을 받은 로고 '와후 추장'을 팀 유니폼에서 빼버렸다. 미식축구팀 워싱턴 레드스킨스 역시 인디언 머리를 로고로 삼고 있다가 비판에 직면해 워싱턴 커맨더스Commanders로 이름을 바꿨다. 타문화 사람들의 특징을 빌려왔지만 비하하려는 의도가 아니라면 (발 빠른 곤잘레스처럼) 사용해도 되는 것일까? 쉽지 않은 문제다.

우선 이 모든 논란의 중심에는 서구중심주의가 있다. 인류학에서 흔히 말하는 '백인 남성의 시각'이 바로 그것이다. 서양 미술사에 등장하는 작품을 만든 아티스트들은 거의 예외없이 백인 남성이었기 때문에 그 외의 사람들, 즉 여성이나 비서구 지역 사람들은 백인 남성이 생각하는 대로 그려졌다. 서양 이외 지역 사람들을 야만인으로 묘사한 것이 대표적인 예다.

세계는 대항해 시대와 식민지 시대를 지나고 세계대전을 두 번이나 치른 후 비로소 인종주의를 극복하려는 노력을 하고 있지만, 인류 깊숙이 자리 잡은 편견의 뿌리를 캐내는 일은 단순한 작업이 아니다. 가령, 20세기 중반에 할리우드에서 많이 만들어진 영화에서 인디언들을 백인 개척자 가족들을 잔인하게 죽이는 악당으로 묘사한 것은 21세기를 사는 우리 눈에 쉽게 인종주의적 편견이 들어간 것으로 보인다. 하지만 만약 인디언을 비하하지 않고 진지하게 묘사한다면? 그래도 편견이라고 할 수 있을까?

고결한 야만인

미국 건국 전후로 활동한 대표적 미국 화가 벤저민 웨스트 (1738~1820)의 작품 〈울프 장군의 죽음〉에 등장하는 인디언 모습이 그런 진지한 묘사의 대표적 예다. 1758년 퀘벡에서 영국군이 프랑스군과 싸워 승리한 전투에서 장렬하게 전사하는 한 장군 모습을 그린 이 그림의 왼쪽 앞에는 온몸에 문신을 한 인디언 한 명이 죽어가는 장군을 진지하고 침착한 표정으로 바라보고 있다. 이렇게 그림이나 소설 등에서 숭고한 모습으로 묘사된 원주민을 가리켜 '고결한 야만인noble savage'이라고 한다. 이런 묘사를 두고 인디언을 비하하는 인종주의라고 비판하기는 쉽지 않은 것이 사실이다.

하지만 특정 인종에 대한 편견이 반드시 인종주의적 비하 형태를 띠는 것은 아니다. 웨스트가 사용한 '고결한 야만인' 전통은 서구에 존재하던 뿌리 깊은 하나의 편견으로, '문명이 발달한 서구는 타락하고 더러워졌지만, 문명이 발달하지 않은 지역의 사람들은 순수하고 착하며, 때 묻지 않았다'는 생각이다. 이는 인간의 성선설을 주장하는 사람들이 선호하던 생각으로, '순수하고 원시적인' 삶을 사는 비서구 원주민들을 이상화해서 타락한 서구의 삶을 비판하는 논리에 동원되었다.

이는 할리우드의 서부영화에서 인디언을 악당으로 묘사하는

울프 장군의 죽음(1770, 벤저민 웨스트)

왼쪽 아래에 백인 장군의 죽음을 묵묵히 바라보는 인디언이 있다. '고결한 야만인'이라는 전통을 따르는 이 모습은 한때 비서구인을 묘사하는 좋은 방법으로 여겨졌다.

전통인 '난폭한 야만인brutal savage'에 대비되는 사고방식이다. 대표적인 그림이 요한 조파니(1733~1810)가 그린 〈제임스 쿡 선장의 죽음〉이다. 영국의 탐험가 쿡은 "(원주민들은) 유럽인들보다 훨씬 행복한 삶을 산다"라고 적었던 사람으로, 전형적인 '고결한 야만인'이라는 시각을 가지고 있었지만 아이러니하게도 탐험 중 하와이에서 원주민들의 공격을 받아 사망했고, 독일 화가 조파니가 그의 죽음을 묘사한 그림은 '난폭한 야만인'을 대표하는 작품이 되었다. 난폭한 야만인 전통은 여전히 할리우드 영화에 살아 있어서 동양인을 비롯한 유색인종이 악당으로 등장하는 경우 아직도 거의 예외없이 알 수 없는 말로 악을 쓰거나 무조건 화를 내는 존재로 묘사된다(이에 반해 악당이 서구인일 경우 훨씬 더 침착하고 문명화된 존재로 그려진다).

주체적 존재가 아닌 대상화로 시작된 문제 ◖

그런 '난폭한 야만인'에 비하면 '고결한 야만인'은 비서구인을 묘사하는 좋은 태도로 생각된 시절도 있었다. 하지만 고결한 야만인 역시 여전히 극복되어야 할 편견이었다. 그 이유는 묘사 대상이 주체성을 잃고 타자에 의해 규정되고 객관화되는 것이기 때문이다. 이는 내 친구가 아무리 "너 예쁘게 나왔다"고 해도 내가 원하지 않는 방식으로 찍은 사진을 내 허락 없이 소셜미디어에 뿌리는 것이 싫은 것과 다르지 않다. 내 모습이 정확하게 묘사되었는지 아닌지는 내가 결정하는 것이지 남이 대신 정해주는 것이 아니기 때문이다.

내가 객체화, 대상화된 모습, 즉 남이 결정해버린 내 모습에서 나는 주체성을 잃고 그저 남이 부여해준 단편적인 모습으로만 남는다. 한때 우리나라에서 쉽게 들을 수 있었던 위안부 문제의 담론도 그렇다. "순결한 우리 민족의 소녀들이 유린당했다"는 식의 표현은 전적으로 남성의 시각에서 피해자 여성을 묘사하는 방식으로 많은 비판을 받고 최근 들어서야 극복되려는 조짐이 보이고 있다.

위안부 문제의 핵심이 순결의 상실이 아닌 주체성의 상실, 인권 유린인 것과 마찬가지로, 비서구를 묘사한 서구 작품들의 문제는 그 이미지가 부정적이냐, 긍정적이냐가 아니라 묘사 대상이 단면적이고 객체화되었다는 사실에 있다. 이렇게 인류가 인종적·성적 편견에 담긴 문제의 본질을 깨닫게 되기까지 오랜 시간이 걸렸지만, 우리 주위에는 여전히 편견이 가득한 이미지가 넘쳐난다. 때로는 부정적 의미로 적나라하게 드러나지만, 때로는 무해해 보이는 모습으로 교묘하게 숨어 있다. 이런 편견을 찾아내 뿌리 뽑는 작업은 모두 우리 몫이지만, 최종 결정은 당사자만이 할 수 있다. 모든 것이 애초 그들을 대상화한 데서 시작된 문제이기 때문이다.

예수의 이미지

나는 어린 시절 운보 김기창이 예수와 제자들을 한복을 입은 조선 사람들로 그린 '예수의 생애' 연작을 처음 보고 깜짝 놀랐다. 서양인을 동양인으로 묘사한 게 너무 낯설었다. 그때까지만 해도 나는 대부분의 성화 속 예수와 제자들이 유럽인 얼굴을 하고 있다는 걸 이상하게 생각하지 않았다.

벌써 10년도 넘은 이야기다. 일본식 경차 디자인이 미국에 처음 소개되었을 때 미국인은 아주 신기해했다. 지금은 많이 익숙해졌지만 직사각형 박스에 지나치게 작아 보이는 바퀴가 달린 디자인은 당시만 해도 일본 밖에서는 거의 본 적 없는 모습이었다. 일본 도로가 좁다고는 하지만 유럽도 도로 사정은 일본과 별로 다르지 않을 텐데 유독 일본에서 특이한 디자인이 나온 것을 두고 '디자인 갈라파고스 현상'이라고 하는 사람도 있었다.

흥미로웠던 건 박스형 경차 디자인을 설명한 당시 한 미국 자동차 평론가의 글이다. 그런 신기한 모양의 자동차가 일본에서 생겨난 이유를 설명하려고 그 평론가는 "일본 전통의 세단의자" 디자인을 이야기했다. 세단의자sedan chair는 우리식으로 말하면 가마에 해당한다. 작은 박스나 지붕이 없는 의자에 높은 사람이 앉고, 하인들이 의자에 붙은 긴 막대를 들고 이동하는 이 운송수단은 사실 한국이나 일본뿐 아니라 중국, 프랑스, 영국, 포르투갈 등 전 세계적으로 역사가 깊다. 그런데도 굳이 일본의 전통 이동수단이라면서 박스형 경차 디자인이 거기에서 비롯했다고 설명하는 건 다소 억지스럽게 읽혔다.

예수를 그림으로
표현하지 못하게 한 기독교

하지만 그 평론가로서는 이해하기 힘든 외국의 디자인을 설명하기 위해 그 출발점 혹은 발생 이유를 찾아야 했을 테고, 그렇다면 일본에서 제일 비슷하게 (박스처럼) 생긴 전통적인 이동수단이 무엇이 있을까 하고 뒤지다가 세단의자를 찾게 되었을 것이다.

예수가 잃어버린 양을 찾아 어깨에 멘 목자로 묘사된 그림(3세기)

로마의 칼리스토 카타콤(지하묘지)에 그려진 그림으로, 최초로 그려진 예수 모습으로 알려져 있다. 당시 전형적인 로마 남성 복장을 하고 있다.

그렇게 한 결과 그 자동차 평론가가 맞는 답을 찾았느냐고 하면 고개를 갸우뚱하겠지만 비슷한 시도는 항상 일어난다. 사람들은 낯선 물건, 낯선 개념을 만났을 때 자신들이 알고 있거나 익숙한 '시각적 어휘'를 뒤져서 가장 가까운 것을 찾아내기 때문이다.

서양 미술사에서 예수 그리스도의 모습도 그렇다. 지금은 긴 머리와 수염 그리고 발등까지 내려오는 통으로 된 긴 옷을 입은 남성 모습으로 익숙하지만 처음부터 그랬던 것은 아니다. 기독교는 그 탄생부터 시작해 2,000년 넘는 역사 속에서 예수 형상을 묘사하는 일을 두고 씨름을 벌여온 종교다. 일단 기독교의 모태가 된 유대교 율법이 얼굴을 포함한 모든 사람 형상을 그림이나 조각으로 표현하는 것을 엄하게 금했다. (이런 금기는 기독교로 넘어 오면서 수백 년에 걸쳐 조금씩 완화되지만 비슷한 뿌리를 지닌 아브라함 계열 종교인 이슬람에는 여전히 살아 있다). 예수를 구세주이자 신의 아들로 생각하고 섬겼던 초기 기독교인은 대부분 유대인이었고, 형상을 묘사하는 것에 강한 거부감을 가진 사람들이었다.

짧은 머리에 샌들 신은 청년 모습

따라서 기독교가 지금의 이스라엘에서 출발해 터키 지역 그리고 로마에 도착하는 초창기에는 예수 얼굴을 그린 예가 없었다. 하지만 로마에 도착하자 상황이 달라졌다. 고대 그리스와 로마 사람들은 자신이 섬기는 신의 이미지를 그림과 조각으로 옮기는 데 전혀 거리낌이 없었을 뿐 아니라 그런 이미지가 필요하다고 여겼다. 그런 그들에게 얼굴도 알지 못하는 신을 믿으라고 하는 게 쉬운 일은 아니었을 것이다.

전 세계 종교의 역사가 보여주지만 항상 전통은 교리보다 강하다. 기독교가 그림과 조각을 좋아하는 로마에 도착한 이상 예수의 이미지가 만들어지는 것은 시간문제였을 뿐이다. 결국 기독교가 생겨난 지 300년이 채 되지 않아 예수 이미지가 등장하기 시작했다. 그 시기에 그려진 그림이 잃었던 양을 찾아 어깨에 멘 '선한 목자' 예수다. 아직 기독교가 박해받던 시기였기 때문에 기독교인은 로마제국의 감시를 피해 카타콤이라는 지하묘지에서 모였고, 이 그림도 그런 곳에 그려졌다.

그런데 자세히 보면 예수 모습은 우리가 흔히 상상하는 로마 청년이다. 허벅지까지만 내려오는 짧은 튜닉에 종아리를 감싸는 부츠형 샌들을 신고 있으며, 긴 수염은 보이지 않고 머리카락도 짧다. 미술사가들은 이런 그림이 등장한 이유가 당시 로마에서 그림으로 묘사된 젊은 남성은 대부분 황제였고, 이 그림을 그린 사람이 특별히 지중해를 건너 이스라엘 지역으로 여행하지 않은 이상 유대인이 어떤 차림을 했는지 알 수 없었기 때문이라고 설명한다. 즉, 이것이 자신이 가진 시각적 어휘를 총동원해서 묘사할 수 있는 전부였다.

하지만 이렇게 외국에서 건너온 사상이나 문물을 자국의 제한된 문화적 어휘로 묘사하는 데는 이점도 있다. 바로 이질적 문명의 토착화다. 수백 년이 지나 기독교가 유럽 북부까지 퍼져나갔을 때 유럽인들의 눈에 전혀 낯선 중동지방 남자 모습을 한 예수와 자신들과 다르지 않은 백인 남자 모습을 한 예수 중 어느 쪽을 더 쉽게 받아들였겠는지 생각해보면 충분히 이해할 수 있다.

최후의 만찬(1952~53, 김기창)

김기창은 '예수의 생애' 연작에서 예수의 일생을 조선시대 인물로 재해석했다.

(그림 출처: 운보문화재단)

문화가 이식되려면 토착화 필요

내가 대학원에 다닐 때 인도미술을 가르치던 한 인도계 교수는 "서구는 불교와 불교미술을 힌두교, 힌두미술보다 좋아하는 경향이 뚜렷하다"라고 했다. 그 이유는 기독교적 종교관을 가지고 불교를 보면 이해하기가 쉽기 때문이라는 것이다. 그 교수에 따르면 부처도 예수처럼 젊어서 고난의 길을 걸으며 주위에 진리를 가르치다 세상을 떠났고, 제자들이 그 사상을 전파하면서 종교가 되었을 뿐 아니라, 불교의 절과 승려제도도 가톨릭 수도원의 전통을 통해 (다소 부정확해도) 이해가 가능하다. 하지만 다신교인 힌두교의 신 개념과 종교 개념은 유럽인에게는 너무나 낯설다 보니 비슷한 설명틀이 유럽 문화에 존재하지 않아서 이해 자체가 쉽지 않다.

결국 한 문화가 전혀 다른 문화에 이해되고 이식되려면 받아들이는 문화에 비슷한 어휘가 있어야 하고, 그것을 통해 새로운 문화를 이해하는 틀이 만들어져야 한다. 이런 토착화를 바라보는 시선은 같은 기독교 내에서도 달라서 가톨릭은 오래전부터 토착화에 적극적인 반면, 개신교는 이를 조심스럽게 경계해왔다. 운보 김기창(1913~2001) 화백이 예수의 생애를 그리면서 예수와 제자들을 조선시대 인물들로 그린 것도 개신교를 믿으며 자란 그가 가톨릭으로 개종한 이후라는 사실은 그래서 흥미롭다.

자동차 이야기로 돌아가면, 자동차의 역사를 아는 사람들은 유럽 자동차와 미국 자동차의 미묘한 차이를 이렇게 설명한다. 자동차가 처음 발명된 유럽에서 자동차는 귀족들이 타는 고급 마차 개념의 연장선상에 존재한다. 그래서 유럽 브랜드들이 대부분 비싼 고급 제품을 생산하는 데 주력했지만, 그런 자동차가 미국으로 건너오면서 누구나 탈 수 있어야 하는 이동수단으로 바뀌었다. 포드의 모델 T가 미국 자동차의 선조처럼 여겨지는 이유는 바로 대중성 때문이다. 유럽의 고급 마차는 미국에는 없는 전통이었고, 귀족문화가 없는 미국에서 마차는 넓은 땅을 돌아다녀야 하는 대중적이고 실용적인 이동수단에 불과했기에 미국의 자동차 문화는 유럽과는 다르게 뿌리를 내린 것이다.

흥미로운 건 미국에서 온 가족을 태우고 서부로 향했던 '포장마차'의 전통과 사고방식이 아직도 살아 있다는 사실이다. 온 가족을 넉넉하게 태우고 짐도 많이 실을 수 있는 대형 미니밴과 스포츠형 다목적 차량suv은 미국적 전통의 산물이다. 하지만 그런 이동수단이 다시 다른 문화로 가면 가족용이 아닌 택시나 화물운반용으로 탈바꿈하기도 하는 것이 토착화의 마술이다.

레이디 리버티, 낭만주의 혹은 신고전주의

많은 사람이 뉴욕에 있는 〈자유의 여신상〉이 처음부터 지금과 같은 연녹색이었을 거라고 생각하지만, 지금의 색은 산화가 진행된 후 나타난 것이다. 표면이 구리로 된 여신상은 대서양을 건너 미국에 도착한 후 점점 짙은 색으로 변해서 몇 년 동안 고동색에 가깝게 있었고, 다시 색이 변하기 시작해서 지금의 연녹색이 되었다. 당시 사람들은 지금과는 전혀 다른 느낌의 자유의 여신상을 본 것이다.

2019년 6월 초, 범죄자를 중국으로 인도할 수 있도록 한 법안에 반대하여 시작된 홍콩의 시위는 4개월 넘게 진행되면서 점차 민주화 시위로 진화했다. 특히 중국 정부의 강한 영향력에 맞서 직선제의 보통선거를 요구한 홍콩 사람들은 그들이 영국의 제도하에서 누렸던 자유가 축소되고 있는 상황에 크게 분노했다.

그런 홍콩 시위대가 2019년 11월 13일에는 4미터 높이의 '자유의 여신상'을 만들어 세웠다. 홍콩과 영어권에서는 〈레이디 리버티Lady Liberty〉라는 영문명으로 표기하는 이 작품은 외부에 알려진 사진과 버전에 따라 조금씩 다르기는 하지만 홍콩 시위대의 전형적인 복장, 즉 안전모와 고글, 마스크를 쓰고 허리에 차는 패니 팩과 2014년 이후 홍콩 시위의 상징이 된 우산을 들고 있는 여성의 모습을 했다.

역시 버전에 따라 조금씩 다르기는 하지만 고글 오른쪽이 깨진 것으로 보아 이 '여신'은 시위 중 오른쪽 눈을 다친 여성을 상징하는 것으로 짐작되었다. 시위가 경찰과의 무력 충돌로 번진 시점에서 부상해 언론의 큰 주목을 받은 이 여성의 모습은 이미 홍콩 시위대 사이에서는 시위의 상징으로 떠올라 벽보와 그래피티를 비롯한 다양한 방식과 통로로 이미지가 재생산되어왔다.

홍콩 시위와 레이디 리버티

그런데 왜 홍콩 사람들은 이 작품에 레이디 리버티라는 이름을 붙였을까? '자유의 여신상'이라는 이름을 들으면 사람들 머릿속에 제일 먼저 떠오르는 작품은 바로 뉴욕 항구에 우뚝 선 미국의

레이디 리버티(2019)

홍콩 시위대가 4미터 높이로 제작한 이 작품은 홍콩 시위를 상징하는 우산과 안전모, 고글을 착용한 여성 시위자 모습을 묘사했다.

상징 〈자유의 여신상 Statue of Liberty〉이다. 하지만 같은 이름으로 번역된다는 점과 여성을 묘사한 조상 影像이라는 점을 제외하면 홍콩의 〈레이디 리버티〉와 미국의 〈자유의 여신상〉은 분위기가 사뭇 다르다. 이 둘은 어떤 관계일까? 만약 관계가 없다면 홍콩 사람들은 왜 이 조상에 군이 레이디 리버티라는 이름을 붙였을까?

사실 그 단서는 홍콩 시위를 보도하는 사진들에서 쉽게 찾을 수 있다. 언론에 소개된 사진들을 뒤져보면 프랑스혁명을 상징하는 대표적 회화작품인 〈민중을 이끄는 자유의 여신〉을 차용한 벽화 혹은 벽보 작품을 볼 수 있다. 19세기 프랑스 낭만주의 화가 외젠 들라크루아(1798~1863)의 작품에서 가슴을 드러낸 채 한 손에는 총, 다른 한 손에는 프랑스 깃발을 들고 있는 중심인물이 흔히 '자유Liberty'를 상징하는 여성이다. 이 그림을 차용해 벽화를 제작한 홍콩의 무명 아티스트는 들라크루아 그림에 등장하는 사람들 얼굴에 마스크와 고글, 안전모를 씌워 홍콩 시위대로 바꿨다. 즉, 중국 본토의 권력에 항거하는 홍콩 시위를 왕권에 항거해 일어난 프랑스혁명에 비유한 것이다.

그렇게 제작된 벽화에서도 조각상과 마찬가지로 한 손에는 우산을, 다른 한 손에는 홍콩 깃발을 들었기 때문에 이번에 만들어진 〈레이디 리버티〉 상은 그 벽보가 삼차원으로 진화한 버전이라고 보는 게 맞다. 즉, 홍콩의 〈레이디 리버티〉는 뉴욕에 있는 〈자유의 여신상〉이 아닌, 들라크루아 작품에 직접적 기원을 두었다.

특정 국가 이미지로
여성이 등장하는 이유

그런데 들라크루아의 〈민중을 이끄는 자유의 여신〉과 뉴욕의 〈자유의 여신상〉은 왜 그렇게 서로 다른 모습을 하고 있을까? 모두 19세기에 활동한 프랑스 아티스트의 작품이고, 두 작품 모두 자유를 여성 혹은 여신 모습으로 의인화한 고대 로마의 전통을 따랐지만, 하나는 가슴을 드러내고 혁명 시위대를 이끄는 전투적 여성을 그렸다면, 다른 하나는 혁명적 이미지라고는 들고 있는 횃불밖에 없는 점잖고 우아한 분위기의 여성을 묘사했다. 여기에는 꽤 흥미로운 사연이 있다.

우선 왜 여성 혹은 여신이 등장하는지부터 살펴보자. 인류는 오래도록 땅을 여성으로 생각해왔다. 여성이 아이를 낳듯 땅도 곡식을 산출하기 때문이다. 그런 전통이 유럽에서는 '땅=국가=여성'이라는 사고로 발전했고, 근대 국민국가에 이르러서 특정 국가를 이미지로 표현할 때 여성 혹은 여신 모습으로 의인화하는 일이 많았다. 대표적인 것이 영국의 브리태니아, 프랑스의 마리안이었다.

그렇다면 미국의 상징인물은 무엇이 되어야 할까? 미국이 독립하기 전만 해도 서구 강대국은 미국을 문화적으로 뒤떨어진 야만적인 땅으로 묘사하는 습관이 있었고, 브리태니아나 마리안 같은 여성에 대응하는 미국의 상징을 인디언 여성이라는 '야만인'으로 그리곤 했다. 하지만 미국이 독립하고 본격적인 근대국가로 자리매김하는 과정에서 인디언 이미지를 버리고 유럽 국가들처럼 서구 여성 모습을 상징으로 사용하기 시작했는데, 그때 등장한 두 이미지가 컬럼비아와 자유의 여신이었다.

민중을 이끄는 자유의 여신(1830, 외젠 들라크루아)

홍콩 시위대는 프랑스의 7월 혁명을 묘사하는 이 그림을 차용한 이미지를 제작해
정치적 메시지를 전달하는 데 사용했다.

저항정신이 생생하게 살아 있는 작품

처음에는 이 두 가지가 혼용되다가 점차 후자인 자유의 여신이 더 보편화되었는데 그 계기 중 하나가 1863년 미국 국회의사당 돔 꼭대기에 설치된 〈자유의 여신상Statue of Freedom〉이다. 1850년대에 그 동상을 제작하던 조각가 토머스 크로퍼드는 여신을 머리에 챙이 없는 모자를 쓴 모습으로 디자인했다. 필레우스pileus라고 불리는 이 삼각형 모자는 고대 로마시대에 해방된 노예들이 쓴 이후 자유의 상징으로 사용되었고, 들라크루아 그림 속 여성도, 프랑스의 상징 마리안도 이 모자를 쓰고 있다.

문제는 그 동상 디자인을 결정하던 1850년대는 미국이 노예제도 폐지를 둘러싸고 남북전쟁(1861~1865)으로 치닫는 시기였다는 사실이다. 훗날 노예해방에 반대하는 남부연합의 대통령이 되는 제퍼슨 데이비스 상원의원은 그 모자가 미국의 흑인 노예를 해방하자는 주장을 담고 있다며 분노했고, 그의 반대에 부딪혀 미국 의사당 건물에 올라가게 된 자유의 여신상은 인디언 의상에 로마식 투구를 쓴 여성 모습으로 제작되었다.

자유의 여신상에 정치적 메시지를 최소화하려는 경향은 뉴욕에 있는 〈자유의 여신상〉에도 반영되었다. 높이만 46미터에 달하는 이 작품은 프랑스에서 노예제도에 반대하는 조직을 이끌던 에두아르드 르네 드 라불라예와 역시 노예제도에 반대한 조각가 프레데리크 오귀스트 바르톨디가 의기투합해서 아이디어를 낸 것으로 알려져 있다. 그런데 이 두 사람은 혁명의 과격한 이미지를 꺼렸기에 들라크루아의 낭만주의 작품과 전혀 다른 이미지를 원했고, 신고전주의 스타일의 여성으로 자유의 여신상을 디자인한 것이다. 비록 전쟁은 끝났어도 미국이 여전히 남북 갈등에서 벗어나지 못했으므로 과격한 상징을 피하려는 정치적 고려도 무시할 수 없었다.

하지만 홍콩의 〈레이디 리버티〉는 미국에서 꺼렸던 '과격한' 들라크루아의 혁명적 이미지를 계승한, 시위대의 저항정신이 생생하게 살아 있는 작품이다. 들라크루아의 그림과 마찬가지로 혁명 혹은 시위가 진행 중인 시점에 제작되었다는 공통점 때문일 수도 있겠지만, 미국의 신고전주의적 여신상 대신 낭만주의적 전통을 따른 선택은 흥미롭다.

홍콩의 사자섬 정상에 있던 〈레이디 리버티〉는 설치되고 얼마 되지 않아 누군가 파괴하고 붉은 스프레이 페인트를 뿌렸다. 언젠가는 그 자리에 영구적으로 다시 서서 브라질 리우데자네이루의 예수상처럼 홍콩을 내려다보는 상징이 되기를 기원한다.

이 작품은 왜 사실주의라고 할까

매너리즘mannerism이라고 하면 늘 같은 방법을 사용하는 바람에 신선함이나 독창성을 상실한 것을 의미하지만, 르네상스 후기에 나타난 예술사조인 매너리즘Mannerism은 다른 의미다. 사실주의라는 예술사조 역시 단순한 사실적 묘사와는 차이가 있다.

쿠엔틴 타란티노 감독의 1992년 작품 〈저수지의 개들〉에는 '멕시칸 스탠드오프Mexican standoff' 장면이 나온다. 두 명 이상이 서로서로 총을 겨누는 바람에 교착상태에 빠진 상황을 가리키는 멕시칸 스탠드오프는 할리우드 영화에서 긴박감을 더하기 위해 즐겨 사용하는 장치다. 하지만 서로 합의를 보고 동시에 총을 내려놓거나, 주인공이 악당들을 모두 쓰러뜨리는 대부분의 영화들과 달리

〈저수지의 개들〉에서는 모두가 총을 쏘는 최악의 선택을 한다.

그뿐 아니라 총을 맞고 쓰러진 인물은 곧바로 죽지 않고 계속 피를 흘리며 신음을 한다. 대부분 영화라면 컷을 해도 한참 전에 했겠지만 타란티노는 이 장면을 심할 정도로 길게 끌고 가면서 할리우드 영화의 문법을 깨버린다. 그 바람에 이 영화는 사실성을 획득하는 동시에 관객들로 하여금 과거의 영화들이 사실은 일정한 문법 혹은 룰을 고수해왔다는 사실을 깨닫게 해준다.

자연스러운 모습 담아

그런데 이는 우리가 흔히 사실적realistic 혹은 사실주의realism라고 하는 것의 정체가 무엇인지 파악하는 하나의 단서가 된다. 사실 주의는 문화 속에 다양한 형태로 퍼져 있다. 영화와 미술 같은 시 각예술뿐 아니라 문학에도 사실주의가 존재한다. 도대체 무엇이 사실적이고 무엇이 사실주의일까?

먼저 짚고 넘어가야 할 것은 영문으로 대문자 'R'을 사용하는 리얼리즘(Realism, 사실주의)이 특정시대 유파를 가리키는 고유명사라는 사실이다. 특히 미술에서는 〈만종〉을 그린 장 프랑수아 미예(밀레, 1814~1875), 귀스타브 쿠르베(1819~1877), 오노레 도미에(1808~1879) 같은 19세기 중반 프랑스 화가들의 작품들을 가리켜 사실주의라고 했다. 이전 시대에 유행하던 감정적이고 낭만적인 묘사 혹은 역사적인 소재를 그리던 습관에서 벗어나 평범한 사람들의 일상적 모습을 그린 것이 그들 작품의 특징이었다. 평범한 사람들의 일상을 그리다 보니 유독 더러운 옷과 지저분한 환경이 자주 등장한다.

물론 우리는 단순히 그 유파의 작품들만 사실적이라고 하지 않는다. 엄밀하게 말하면 추상화가 아닌 그림은 모두 '사실적'이다. 하지만 예술에서 '사실주의적'이라고 하는 작품은 단순히 눈으로 보이는 장면과 똑같이 생겼음을 의미하지 않는다. 미켈란젤로와 같은 르네상스 화가의 작품 속 등장인물이나 사물은 마치 만져질 듯 사실적으로 묘사되었지만 우리는 미켈란젤로를 사실주의 화가라고 하지 않는다.

미술에서 사실주의는?

그렇다면 과연 '사실주의'란 무엇일까? 사실주의 연구로 유명한 미술사학자 린다 노클린은 19세기 프랑스 화가 에드가르 드가 (1834~1917) 작품을 예로 들어 설명한다. 가령 그의 〈욕조〉를 보면 서양 미술사에 무수히 등장했던 목욕하는 여인들의 나체에서 본 적이 없는 자세를 취하고 있다. 과거 어느 작품에서도 본 적이 없는 자세라는 말은 흔히 말하는 '신체의 아름다움'을 가장 잘 드러내는 포즈가 아니라는 말이기도 하다. 그런 포즈들은 이미 선배 화가들이 모두 찾아내 그렸기 때문이다.

평범한 가정주부가 얕은 욕조에서 힘겹게 몸을 씻는 장면은 여신이나 요정이 아름다운 포즈(라고 하지만 결국 남성 관객의 시선을 만족시키는 포즈)를 취한 과거 그림들과 크게 다르다. 따라서 전통적 회화에 익숙했던 당시 사람들에게 드가의 작품 속 인물들은 낯선 포즈를 취한 것으로 보였겠지만, 현대인에게는 그저 자연스러운 자세일 뿐이다. 드가의 관심은 그리고 많은 19세기 유럽 화가의 관심은 과거에 그려진 형식 혹은 스키마 schema를 따르지 않고 자신의 눈으로 본 것을 그리는 데 있었다. 물감을 덕지덕지 칠한 흔적이 그대로 살아 있는 클로드 모네의 〈해돋이의 인상〉이 인물이 살아 숨쉬는 듯한 신고전주의 작품들보다 '사실주의적'이라고 하는 이유도 바로 거기에 있다.

결국 미술에서 사실주의는 그 결과물이 사진처럼 생생하게 묘사된 그림을 가리키는 것이 아니라 과거부터 사용되어왔던 오래된 묘사의 틀을 거부하고 아티스트 눈으로 본 것을 묘사하겠다는, 전통에서 탈피한다는 의미가 강하다.

1950년대 미국의 전설적 시트콤 〈아이 러브 루시 I Love Lucy〉의 주인공 루실 볼은 극중에서 임신한 것으로 나왔지만 대화에서 임신 pregnant이라는 말을 하지 못했다. 임신은 성행위의 결과이니 가족

욕조(1886, 에드가르 드가)

목욕하는 여인 모습은 서양 미술사에서 숱하게 그려졌지만 드가 작품 속 여성은 과거 어떤 작품에서도 볼 수 없는 포즈를 했다.

이 보는 TV에서 절대 나와서는 안 된다는 이유에서였다. TV에 변기가 처음 등장한 것은 1971년이지만, 변기를 등장시키면 안 된다는 반대에 부딪혀 변기 뒤 물통 부분만 나와야 했다. 스탠리 큐브릭 감독의 마지막 작품으로 유명한 〈아이즈 와이드 셧〉(1999)에서는 여주인공이 화장실에서 소변을 보고 휴지로 밑을 닦는 장면이 나온다. 그런데 놀랍게도 할리우드 영화 사상 여성이 볼일을 보고 휴지를 사용하는 장면은 그 영화가 처음이었다. 모두 당시에는 화제가 되고 논란이 되는 장면들이었지만, 시간이 지나면 대수롭지 않게 받아들여진다.

관습적 시각과 사고에서 벗어나기

쿠르베의 대표작 〈오르낭에서의 매장〉에는 취해서 얼굴이 벌건 성직자들이 등장한다. 성직자들의 행동에 익숙한 관객들 눈에는 사실주의적 묘사였지만 당시 성직자 사회는 이런 묘사에 크게 분노했다. 하지만 그로써 쿠르베는 더욱 유명해졌다. 성性과 종교는 다른 어떤 것보다도 민감한 주제이다 보니 불문율이 유독 오래 지속되는데, 쿠르베가 그것을 깬 것이다.

하지만 〈오르낭에서의 매장〉이 깬 것은 성직자에 대한 존경만이 아니다. 길이가 6.6미터나 되는 대작이지만 과거 대작들이 가

오르낭에서의 매장(1850, 귀스타브 쿠르베)
화가의 사실주의를 보여주는 대표적 작품으로 우리가
흔히 장례식에서 생각할 수 있는 의미가 완전히 결여
되어 있다.

지고 있는 엄중하고 성스러운 주제는 찾아볼 수 없다. 우선 제목
부터 오르낭이라는 마을에서 일어난 매장, 즉 하관식이다. 하지만
우리는 제목에서 죽은 사람 이름조차 알 수 없다. 화가는 '나는
삶과 죽음, 내세와 같은 거창한 주제는 물론이고, 죽은 사람이 누
군지도 관심이 없다'는 태도다.

　언뜻 생각하면 거창한 의미에 관심이 없는 것이 사실주의적 태

도와 무슨 관련이 있을까 싶을 수 있다. 하지만 19세기 이전 화가들이 대개 역사와 종교 같은 무거운 주제에 관심이 있었던 것을 생각할 필요가 있다. 풍경화를 제외하면 대개 그림은 (심지어는 정물화까지도) 중요한 주제를 갖고 있었고, 특히 인물이 등장할 경우 관객은 그 주제를 '읽어내야' 한다고 생각했다. 하지만 쿠르베는 그런 관습과 분명하게 단절을 선언했고 그것을 가장 잘 보여주는 작품이 〈오르낭에서의 매장〉이다. 관객이 많은 의미를 부여할 수밖에 없는 하관식을 군이 선택한 것은 그가 자기 의도를 얼마나 과격하게 전달하려 했는지를 보여준다.

큐브릭 영화에서 여주인공이 화장실에서 휴지를 사용하는 장면은 그냥 일상의 모습일 뿐 특별한 성적 암시나 의미가 들어 있지 않다. 여성이 손을 그곳에 가져간다는 것만으로 성적 의미를 부여하려는 것은 쿠르베 작품이 성직자와 조문객이 참석한 하관식이라는 이유만으로 그 작품에서 삶과 죽음, 특별한 종교적 의미를 찾으려는 태도와 전혀 다르지 않음을 깨닫는다면, 우리는 쿠르베가 이 그림을 그린 의도를 충분히 이해할 수 있다. 드가의 사실주의가 관습적 시각에서 벗어나는 것이었다면, 쿠르베의 사실주의는 관습적 사고에서 탈피하는 것이었다.

PART 3

이미지는 권력을 드러낸다

예술과 권력은 아주 오래 전부터 밀접한 관계를 갖고 있었다. 미술사 책의 첫 챕터에 등장하는 고대 미술작품들 중에는 권력자를 그렸거나, 종교적인 성격을 가진 것들이 많다. 고대 사회에서 종교는 대개 권력을 의미했다. 서양에서 예술작품이 종교에서 떨어져 나올 즈음, 비싼 예술가에게 커미션을 줄 수 있는 후원자patron들은 대개 권력자였다. 르네상스의 거장들에게는 군주나 교황 정도는 되어야 작품을 부탁할 수 있었다.

하지만 예술가들이 권력의 커미션을 받지 않고 스스로 원하는 작품을 만들며 '예술을 위한 예술'이 가능해지자 둘 사이의 관계는 복잡해졌다. 때로는 과거처럼 권력의 도구가 되기도 하고, 때로는 권력을 비판하기도 하고, 어떤 때는 예술가와 미술관이 하나의 권력으로 작동하기도 한다. 대중에게 강한 호소력을 가진 예술이 정치적인 진공상태에 머무르기는 힘들기 때문이다.

권력자 묘사하기

자신보다 힘없고 약한 사람들을 조롱하는 것이 비겁한 행동으로 여겨지는 사회가 안전한 문명사회다. 독재주의 사회에서 코미디언에게 가장 조심해야 할 농담의 소재가 권력자라면, 민주주의 사회에서는 코미디언이 가장 안심하고 사용할 수 있는 소재가 권력자다.

2018년 월트 디즈니가 만든 어린이 영화 〈곰돌이 푸_{Christopher Robin}〉가 전 세계 극장에 퍼졌을 때 들어가지 못한 시장이 하나 있다. 바로 중국 시장이었다. 거의 한 세기 전에 영국에서 탄생한 캐릭터 곰돌이 푸는 어린아이들을 위한 그림책의 단골 메뉴이지만, 중국에서는 곰인형 푸를 볼 수 없다. 영화만 볼 수 없는 것이 아니라 소셜미디어에서 푸 이름을 꺼내는 것도 불가능하다. 중국 정부의 검열 때문이다. 그런데 그 이유가 어처구니없이 단순하다. 사람들이 시진핑이 아기곰 푸를 닮았다고 비교하는 사진이 2013년 이후 많이 떠돌았는데 (알려진 바에 따르면) 시진핑이 그걸 좋아하지 않기 때문이라는 것이다.

2013년에 무슨 일이 있었을까? 시진핑이 미국을 국빈방문해서 당시 미국 대통령 버락 오바마와 회담했는데, 그때 키가 크고 마른 오바마 옆에서 그보다 키가 작고 배가 나온 시진핑이 함께 걷는 사진이 언론에 공개되었다. 그런데 누군가가 그 사진을 보고 아기곰 푸와 친구 티거가 함께 걸어가는 만화책 한 장면과 비교하는 이미지를 만들어 온라인에 올렸고, 중국의 소셜미디어 웨이보에 퍼지면서 중국 정부의 검열이 시작되었다. 아기곰 푸의 친근한 이미지를 생각한다면 대외적으로 시진핑의 이미지를 개선하는 데 도움이 될 수도 있었겠지만, 중국 정부가 시 주석 이미지에 민감하게 반응하면서 검열이라는 극단적 방법까지 사용한 결과 오히려 중국 정권에 대한 부정적 이미지가 강화되고 말았다.

중국의 시진핑과 미국의 버락 오바마가 함께 걷는 모습을 보고 많은 사람이 아기곰 푸와 그 친구 티거를 떠올렸다.

군주에게 궁정 광대가 필요했던 이유

친근한 이미지조차 허용하지 않는 중국과 달리 서구에서는 권력을 조롱하거나 권력자를 풍자하는 전통이 길다. 가령 제스터jester라고 불리는 궁정 광대는 중세 이후 군주가 사는 궁정에 머물면서 군주와 군주를 방문한 손님들을 상대로 재미있는 오락거리를 제공했는데, 그중 하나가 군주를 흉내 내는 일이었다. 언뜻 생각하면 절대군주가 고용한 광대가 그 군주를 풍자하는 흉내를 내는 일이 어떻게 가능할까 싶지만, 역사학자들은 거기에는 권력의 균형을 잡기 위한 묘한 밀고 당기기가 숨어 있다고 설명한다.

아무리 막강한 권력자도 국민의 동의와 존경을 전혀 얻지 못하면 권력을 유지할 수 없다. 하지만 동시에 거의 모든 권력은 거기에 반대하는 세력이 존재할 수밖에 없고, 반대세력은 그 권력을 풍자·조롱하면서 전복을 시도한다. 유럽의 절대군주들은 그런 시도를 완전히 막는 것은 불가능하며, 그걸 시도하면 오히려 반대세력에 힘을 실어준다는 사실을 깨달았다. 그렇게 하는 대신 군주는 궁정 광대에게 특권을 주어 자신을 소재로 풍자를 허용하고, 그로써 자신에 대한 국민의 불만이 코미디를 통해서나마 분출되게 하는 김 빼기 작업을 한 것이다.

그 전통은 아직도 살아 있어서 서구 유럽의 많은 국가에서는 국가원수에 대한 풍자가 자유롭다. 미국의 경우 매년 백악관 기자단 만찬행사에 코미디언 한 명을 초청해서 식사 전 오락거리를 제공하는데, 이때 초대된 코미디언의 역할이 바로 옆에 앉아 있는 대통령을 마음껏 풍자해서 대통령과 참석자들을 웃게 만드는 것이다. 미국에서 인기 있는 '로스트roast'라는 코미디 형식이다. 자신을 내놓고 풍자하고 망신 주는 코미디에 개의치 않고 함께 웃을 수 있다는 것이야말로 진정한 자신감과 도량의 표현이기에 미국 대통령들은 싫든 좋든 이 행사에 빠지지 않을 뿐 아니라 자신이 이야기할 순서에도 스스로 낮추고 조롱하는 농담을 넣는다.

앤디 워홀의 파격

미국 대통령 가운데 이 전통을 깬 사람이 도널드 트럼프다. 자신에 관한 농담을 극도로 싫어하고 참지 못하는 것으로 유명한 트럼프는 대통령이 된 후 한 번도 이 행사에 참여하지 않아서 비웃음을 샀고, 그와 무역전쟁을 벌인 중국의 시진핑도 앞서 이야기한 것처럼 자신에 대한 조금의 풍자도 허용하지 않고 있다.

하지만 현대에 들어온 후로 중국의 지도자를 풍자하거나 그 이미지를 사용해서 정치적·예술적 표현을 하는 일이 없었던 게 아니다. 대표적 아티스트가 팝아트의 대명사 앤디 워홀(1928~1987)이다. 미국은 1971년 이른바 '핑퐁외교'로 중국과 관계 정상화

마오(1973, 앤디 워홀)

중국의 문화혁명(1966~1976)이 진행 중이던 당시 공산당 주도의 프로파간다 이미지가 넘쳐나는 중국을 보며 워홀은 국가 지도자 얼굴에 화장을 하는 풍자를 시도했다.

를 위한 첫걸음을 뗀 후 이듬해인 1972년 리처드 닉슨 대통령
이 중국을 방문해서 마오쩌둥과 회담했고, 이로써 미국인들 사이
에 중국에 대한 관심이 높아졌다. 당시 중국은 아직도 문화혁명
(1966~1976) 중이었는데 국가의 프로파간다를 강력하게 홍보하
는 중국 정권의 전체주의적 모습을 본 워홀은 마오쩌둥의 절대적
권력을 조롱하는 의미로 눈에는 푸른색 아이섀도를 칠하고 입술
에는 핑크색 립스틱을 칠한 마오쩌둥을 만들어냈다.

　최근 미국 프로농구NBA팀 단장이 홍콩 시위를 지지하는 트윗을
썼다고 중국 정부가 항의하며 파면을 요구하고 NBA 담당자가
사과하는 분위기에서 1973년 워홀 작품을 생각하면 엄청난 파문
을 일으켰을 것 같지만 사실은 그렇지 않았다. 역설적으로 들리겠
지만 당시 중국과 미국은 정식수교를 하지 않은 적성국가였고, 지
금은 두 나라가 세계 최대 무역 파트너이기 때문이다. 물론 그렇
다고 1970년대에 중국 내에서 예술적 표현의 자유가 주어졌던 건
아니고, 인터넷이 없던 시절 해외 작가의 풍자적 표현이 중국의 일
반인들에게 알려지기에는 두 나라의 거리가 너무 멀었을 뿐이다.

이 시대의 슬픈 자화상　◖

　마오쩌둥이 사망한 후 중국도 변화하는 듯했다. 문화혁명이

앤디 워홀의 마오쩌둥 이미지를 가져와
마릴린 먼로 얼굴에 적용한 작품
(2005, 위여우한)

끝난 후인 1979년경에 이르면 서구의 표현의 자유가 중국 본토
의 아티스트들에게도 확산되면서 중국 미술은 획기적 변화를 보
이기 시작했고, 그동안 금기시되었던 정치적 풍자 혹은 폴리티
컬 팝Political Pop 아트가 중국에서도 가능할 수 있다는 희망이 보였
다. 가령 위여우한余友涵 같은 화가는 마오쩌둥 이미지를 1980년
대 미국 팝 음악의 대명사인 휘트니 휴스턴의 이미지와 병치하거
나, 앤디 워홀이 그린 마오쩌둥 그림을 거꾸로 워홀의 대표작인
1960년대 마릴린 먼로 시리즈에 빗대는 등의 흥미로운 작업을
꾸준히 하고 있다.

그러나 1989년 천안문 사태가 일어나 중국의 민주화 열풍을
꺾어버리면서 정치적 표현의 자유는 크게 위축되었고, 특히 사실
상 시진핑의 종신집권을 허용한 2017년 당대회 이후 국가 지도

자 이미지에 대한 검열은 훨씬 더 강력해졌다. 물론 여기에는 역설이 존재한다. 권력자, 국가 지도자가 자신에 대한 풍자적 이미지에 민감하게 반응하면 할수록 사람들은 더 심한 이미지를 더 많이 만들어낸다는 사실이다. 중국인은 볼 수 없을지 몰라도 중국 밖에서는 시진핑의 아기곰 푸 이미지가 더욱 인기를 끌고 있고, 러시아에 동성애를 허용할 수 없다며 탄압하는 푸틴이 트럼프와 프렌치 키스를 하는 이미지도 검열할 때마다 소셜미디어에 더 크게 확산된다.

자신을 풍자하는 이미지가 싫으면 크게 웃고 넘어가는 것이 조롱을 최소화하는 방법이라는 사실을 과거 유럽의 군주들은 알고 있었다. 그런 지혜와 도량이 사라지고 쉽게 흥분하는 지도자들이 늘어나는 것이 어쩌면 이 시대의 슬픈 자화상일지 모른다.

푸틴과 트럼프가 키스하는 그림은 러시아에서 동성애를 허락할 수 없다는 푸틴을 조롱한 것이다.

리스트에서 제외되는 여성들

컴퓨터의 역사를 보면 여성 과학자, 엔지니어들이 중요한 역할을 했을 뿐 아니라 수적으로도 많은 여성이 이 업계에서 일했다. 하지만 1980년대에 들어서면서 미디어에서 '컴퓨터 천재=남성'이라는 이미지를 퍼뜨리면서 이 학문을 공부하려는 여학생들의 수가 급감했다. 시각예술도 다르지 않아서 천재 화가는 모두 남성이라고 생각했다.

2019년 9월 세계적 경제 전문지 〈포브스〉가 세계에서 가장 혁신을 주도하는 리더 100명의 리스트를 발표했다. 이런 리스트는 항상 사람들의 눈길을 끈다. 그것을 선정하는 주체의 선발 공정성, 객관성에 신뢰가 가든 가지 않든 사람들은 누가 리스트에 포함되었는지 알고 싶어서 일단 클릭한다. 사실 그런 호기심을 잘 알기

PART 3 이미지는 권력을 드러낸다

때문에 매체들은 '세상에서 가장 섹시한 인물' 따위의 리스트를 꾸준히 만들어 발표하는 것이기도 하다. 한마디로 잘 팔리는 기사다.

그런데 이번에 〈포브스〉가 발표한 기사는 큰 역효과가 나버렸다. 〈포브스〉가 발표한 100명 중 여성은 단 한 명밖에 포함되지 않았기 때문이다. 21세기에 혁신적인 인재가 99% 남자라는 받아들이기 힘든 주장에 사람들은 "남성 중심적 사고로 기준을 만들었기 때문에 그런 결과가 나온 것"이라고 크게 반발했다. 근래 들어 달착륙부터 인터넷 발명까지 '남성들의 작품'처럼 여겨진 인류의 많은 업적에 여성들이 결정적으로 기여했다는 사실이 밝혀지고 그것이 책과 영화로 등장하는 일이 흔한데 〈포브스〉의 선정은 그런 세계적 추세에 완전히 어긋나는 일이었기 때문이다. 〈포브스〉는 비판을 받자마자 "우리가 일을 그르쳤다We blew it"고 시인하는 발표를 했고, 앞으로 기준을 좀 더 정확하게 세우겠다고 약속했다.

리스트에서 제외되는 여성들

그런데 왜 주요 업적에 참여한 여성들 이름은 빠지고 잊히는 것일까? 여러 가지 이유가 있겠지만 그중 하나가 남성 중심 사회의 오래된 선입견이다. 가령, 같은 일을 하는 과학자, 엔지니어들도 여성이면 '저 사람은 중요하지 않은 단순 업무를 하는 사람이겠지' 하고 단정 짓는 버릇이다. '여성은 남성들이 하는 업무를 보조한다'는 오래된 선입견은 남성 직원과 같은 사무실에서 똑같은 일을 하고 있어도 여성 직원이면 "커피 하나 갖다달라"라고 말을 쉽게 할 수 있는 세상을 만들어냈고, 사람들은 여성 과학자, 엔지니어, CEO가 하는 일은 남성보다 상대적으로 단순하고 단면적일 것으로 무의식적으로 깎아내린다.

2019년에 〈포브스〉 리스트가 문제가 되었다면 1985년에는 미국 뉴욕 현대미술관MoMA의 리스트가 문제가 되었다. 미술관에서 '전 세계의 최신 그림과 조각 동향'을 보여주는 전시회를 열었는데, 거기에 들어간 현대 작가 165명에 포함된 여성 숫자는 10%도 되지 않는 13명에 불과했기 때문이다. 특히 그 전시회를 준비한 큐레이터가 "이번 전시회에 포함되지 않은 예술가들은 그(자신)의 커리어를 진지하게 다시 생각해봐야 할 것"이라고 말하면서 'their career'라는 중성적 표현을 사용하지 않고 'his career'라는 남성형을 사용한 것이 큰 분노를 일으켰다. 예술가는 남성이라는 고정관념을 드러냈을 뿐 아니라 자신의 고정관념에 부합하지 않는 사람들은 예술을 포기하라는 폭언과 같은 말이었기 때문이다.

여기에서 주목할 것은 '그 큐레이터의 기준이 얼마나 공정할

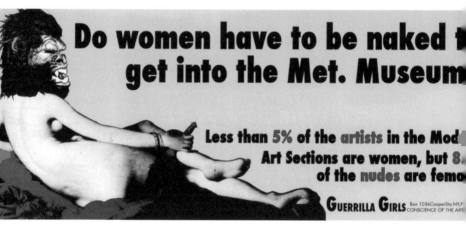

'게릴라걸스'의 포스터(1989)

메트로폴리탄미술관에 소개된 아티스트들 중 여성은 5%인 데 반해 누드화에 등장
한 인물의 85%가 여성임을 지적했다.

© courtesy www.guerrillagirls.com

수 있느냐'이다. 상당히 주관적일 수밖에 없는 예술작품에 대한 판단을 '예술가는 남성'이라는 선입견에서 시작했다면 여성 작가들이 내린 미적 판단은 '다른' 것이 아니라 '덜떨어지는' 혹은 '함량 미달'의 것으로 봤을 가능성이 높기 때문이다.

고릴라 가면 쓰고 시위

하지만 이런 문제를 공개적으로 제기하는 것은 위험한 일이었다. 근래에는 그나마 '미투운동'으로 여성들이 겪는 성희롱, 성폭행을 공개적으로 이야기하는 분위기가 형성되기 시작했지만, 특정한 커리어에 있는, 특히 전문적인 일을 하는 여성의 경우 남성 중심 사회에서 이런 문제를 제기하는 것은 자신의 커리어를 포기하는 일과 다르지 않기 때문이다. 대학원 조교가 교수에게 성추행을 당해도 그것을 입증하기 위해 싸우는 과정에서 자신은 계속 학계에 살아남을 수 없게 되는 한국적 상황, 영화배우가 힘 있는 제작자에게 성추행을 당해도 그것을 이야기하면 자신의 배우 경력은 끝나게 되는 할리우드 상황 등이 미투운동이 있기 전에 가해자들이 마음 놓고 범죄를 저지를 수 있었던 이유다.

그런데 예나 지금이나 뉴욕의 유명 미술관들은 세계 현대미술에서 가장 중요하고 힘이 있는 기관이다. 그런 미술관이 권위를

1980년대에 미술계의 문제를 지적하기 위해 탄생한 게릴라걸스는 21세기에 들어와 서도 활발하게 활동하면서 그 영역을 확대하고 있다. 아카데미상의 백인 남성 중심 주의를 비판한 할리우드의 광고판(2002).

가지고 미적 판단을 내려 개최한 전시회를 두고 그 선발기준에 문제를 제기하는 것은 '나는 미술계를 떠나겠다'는 선언이나 다름없다. 따라서 이 문제를 제기하기로 한 여성들은 창의적인 방법을 사용하기로 했다. 바로 자신들의 정체를 감추려고 가면을 쓰고 시위하기로 한 것이다. 그냥 가면도 아니고 시각적으로 충격을 줄 만한 무서운 고릴라 가면이었다.

그래서 탄생한 것이 '게릴라걸스_{Guerilla Girls}'라는 단체다. 그들은 대규모 정규군에 맞선 작고 힘없는 저항군이 택하는 전술인 '게릴라' 전술을 이용해 언론과 대중의 관심을 끌어 현대미술관의 권력에 저항하기로 했다(우리말에서는 고릴라와 게릴라가 완전히 다른 발음으로 들리지만 영어에서는 둘 다 '거릴라'에 가깝게 발음하기 때문에 게릴라걸스는 고릴라걸스로 들리기도 하는 걸 이용해 고릴라 가면을 사용한 것이다).

사회는 느리게 변한다

이렇게 정체를 감추고 미술계의 남성 중심 권력구조를 비판하기 시작한 게릴라걸스는 미국 뉴욕을 시작으로 30년 넘게 전 세계 미술관과 갤러리들의 작가 선정과정에 개입된 남성 중심적 시각을 폭로했다. 대표적인 것이 19세기 프랑스 신고전주의의 거장 장 오귀스트 도미니크 앵그르(1780~1867)의 누드화 〈그랑 오달리스크〉(1814)를 차용한 포스터다. 모델 얼굴에 게릴라걸스가 사용하는 고릴라 가면을 씌운 이 포스터는 뉴욕의 또 다른 대표적 미술관인 메트로폴리탄미술관의 편견을 이렇게 지적한다. '(이 미술관의) 현대미술 섹션에 소개된 아티스트 중 여성은 5%밖에 되지 않는데, 그 섹션에 소개된 누드화 속 인물은 85%가 여성이다. (결국) 여성이 메트로폴리탄미술관에 들어가려면 옷을 벗어야 하는 것인가?'

이 지적은 큰 반향을 일으켰다. 남성 중심 시각의 문제점을 지적하기 위해 길게 설명하지 않고 5%와 85%라는 충격적 숫자로 문제의 핵심을 직관적으로 보여줬기 때문이다. 그리고 그 문제의 핵심은 "여성은 바라보는 대상이지 창작의 주체가 아니다"라는 인류 역사 속에 깊숙이 자리 잡은 차별적 편견이다.

게릴라걸스는 '여성 아티스트의 장점'이라는 리스트를 발표하기도 했다. 여성 아티스트가 겪는 어려움을 비꼬아 제시한 이 13개 항목의 '장점'에는 "성공에 대한 부담이 없다"(거의 불가능하니까), "80세가 넘으면 유명해진다"(여성은 평생을 바쳐야 죽기 전에 간신히 유명해진다), "뭘 만들어도 여성성을 표현했다는 이야기를 듣는다," "자신의 아이디어는 다른 사람(남성)들이 가져다 사용해준다," "천재라는 부담스러운 찬사를 들을 필요가 없다"처럼 재치 있고 뼈아픈 지적들이 가득하다.

21세기에 들어온 지도 20년이 다 된 시점에 〈포브스〉가 발표한 남성 중심 편견이 가득한 리스트를 보면서 세상은 변하지 않는다는 좌절감이 들 수도 있다. 하지만 한편으로는 〈포브스〉의 문제를 지적한 사람들은 더 이상 고릴라 가면을 쓰지 않았고, 〈포브스〉라는 전통 매체가 하루 이틀 만에 사과했을 만큼은 변했다. 사회는 그렇게 아주 조금씩 변한다. 하지만 반드시 그래야 하는 건 아니다, 더 많은 사람이 노력한다면.

두 개의 초상

미국의 민주주의는 서구에서 자연스럽게 발전한 민주주의의 한 형태로 생각하기 쉽다. 하지만 역사의 모든 일이 그렇듯 뒤를 돌아보면 필연적으로 보여서 그런 것일 뿐, 미국의 민주주의는 자연스럽지도, 필연적이지도 않은 과격한 정치 실험이었다. 미국인들이 갖고 있는 조지 워싱턴에 대한 애정은 그가 이 위험한 실험을 떠맡았기 때문이다.

2019년 12월 5일 미국 의회 하원의장 낸시 펠로시는 도널드 트럼프 대통령을 탄핵하기 위한 소추안을 작성하기 시작하겠다고 공식적으로 밝혔다. 이를 위해 펠로시는 짧은 연설을 하나 준비했다. 미국 역사에서 대통령을 하야시키기 위한 공식적 탄핵 절차에 들어간 것은 두 번밖에 없었을 만큼 역사적 사건이기 때문에 공식적 연설에서 발표했으며, 미국 언론은 이를 생중계하고 뒤이어 연설문 내용을 분석할 만큼 큰 관심을 모았다.

그런데 펠로시는 이 연설문의 절반이 넘는 분량을 미국 역사, 특히 미국의 독립선언서와 헌법을 작성한 '건국의 아버지'들에 관한 이야기에 할애했다. 그 이유는 이렇다. 미국 헌법이 규정하는 권력기관인 입법부(의회), 사법부(법원), 행정부(백악관)가 서로 균형을 이루며 나라를 이끌어야 하는데, 그런 정상적 작동에 실패해서 대통령 탄핵이라는 사태로 가는 것은 헌법적 위기다. 그리고 이런 위기는 어쩔 수 없이 국론 분열을 가져오고 나라의 근간을 흔들 수밖에 없다. 그런데 그럼에도 탄핵을 추진하려고 한다면 거기에는 합당한 근거가 있어야 한다.

미국인이 자랑스러워하는
조지 워싱턴

펠로시는 자신이 이끄는 민주당이 그런 합당한 이유를 가지고 있다고 설명하기 위해 헌법을 작성한 건국의 아버지들이 왜 대통령을 탄핵·파면할 수 있는 조항을 넣었는지, 어떤 경우 그게 가능하도록 되어 있는지 설명할 필요를 느꼈던 것이다. 그리고 그 논리의 핵심을 '미국은 군주정에서 벗어나 공화정을 세운 나라'

라는 사실에 두었다. 미국 건국 세력, 특히 헌법을 작성한 사람들은 대통령이 부패하거나 외국의 세력과 결탁해 자신의 권력을 계속 유지하려는 상황을 두려워했다. 그렇게 되면 미국은 이제 더는 공화국이 아니라 전제군주를 섬기는 군주국으로 전락하는 것이기 때문이다.

개화기에 일제 침략으로 왕조가 몰락한 한국에서는 사람들이 민주주의가 후퇴하면 독재가 시작된다고 생각하지 '군주정'으로 되돌아간다고 생각하지는 않는다. 하지만 영국이라는 군주국가와 싸워서 독립했을 뿐 아니라 그 과정에서 왕정을 끝낼 새로운 제도(공화정)를 만들어낸 미국에서는 항상 군주정치로 돌아갈 수 있다는 우려가 있었다. 즉, 막강한 권력을 가진 대통령이 타락하면 군주 행세를 하게 될 거라는 염려다.

그런 미국인이 자랑스럽게 생각하는 인물이 미국 독립을 이끈 장군이자 초대 대통령인 조지 워싱턴(1732~1799)이다. 워싱턴이 지금도 미국인을 상대로 조사하면 링컨 대통령과 함께 1, 2위를 다투는 인기 대통령인 이유는 그가 남긴 훌륭한 선례 혹은 레거시가 미국에 민주주의를 정착시키는 데 큰 역할을 했기 때문이다.

그렇다면 미국인은 워싱턴을 어떤 (시각적인) 모습으로 기억할까? 18세기만 해도 미국의 예술 수준은 유럽보다 많이 뒤처져 있었지만, 미국이 독립하던 시점에는 미국에도 뛰어난 예술가들이 하나둘씩 등장하기 시작했고, 그들이 워싱턴의 초상을 만들어냈

조지 워싱턴의 초상조각(1840, 호레이쇼 그리노어)

고대 그리스 조각가 피디아스의 제우스 조각을 원형으로 했는데, 미국인은 대통령
모습으로 부적절하다고 생각해 이 조각을 싫어한다.

다. 미국인은 그렇게 오래전에 만들어진 그림과 조각을 통해 초대 대통령 모습을 기억한다.

미국인이 싫어하는 워싱턴 조각상

하지만 워싱턴의 모든 초상이 미국인의 사랑을 받는 것은 아니다. 워싱턴D.C.의 미국역사박물관에 전시되어 있는 워싱턴의 대리석 조각상은 미국인의 사랑을 받지 못한 작품이다. 1832년, 워싱턴 탄생 100주년을 기념하기 위해 당시 유명한 조각가였던 호레이쇼 그리노어(1805~1852)에게 의뢰된 조각이다. 높이 3미터가 넘는 이 거대한 대리석 조각은 얼굴을 자세히 들여다보지 않으면 워싱턴 대통령이라는 걸 눈치채지 못할 만큼 낯선 모습을 하고 있다. 상반신을 드러낸 채 마치 로마 황제의 제스처처럼 오른손을 하늘을 향해 들고 왕좌에 앉은 인물은 그리스나 로마의 조각이라면 모를까 미국의 대통령으로 보기는 어렵다.

그렇다면 그리노어는 워싱턴을 왜 이런 모습으로 묘사했을까? 여기에는 나름의 이유가 있었다. 미국을 비롯한 서구 문명에서는 공화정의 기원을 로마와 그리스에 두고 있었다. 워싱턴D.C.의 많은 정부 건물을 비롯해 각 주에 있는 미국의 공공건물들이 그리스·로마 양식을 따른 이유는 바로 그런 상징성 때문이다. 따라서 그리노어는 첫 번째 대통령 모습도 그리스식으로, 좀 더 정확하게는 그리스식을 본받은 신고전주의 양식으로 묘사하려고 했던 것이다.

하지만 이 조각이 완성된 1840년 당시 미국의 문화는 그런 묘사를 싫어했다. 미국인은 "왜 대통령이 벌거벗고 있느냐"라고 물었고, 들고 있는 오른팔은 어딘가 걸려 있을 옷을 꺼내려는 제스처 같다고 웃었다. 처음에는 의회 건물 안에 설치하려고 했다가 12톤이나 되는 무게를 건물바닥이 지탱하지 못한다는 이유로 의회 건물 앞에 설치되었고, 그 뒤로 다시 여기저기를 떠돌다가 결국 현재 박물관에 놓이게 되었다.

이 조각이 미국인에게 인기가 없는 이유는 그들이 그리스·로마 문화를 이해하지 못해서가 아니라 그리노어가 참고한 작품이 전설적인 그리스 조각가 페이디아스의 〈올림푸스의 제우스〉였기 때문이다. 지금은 사라지고 그림으로만 남은 이 작품은 그리스 신이 왕좌에 앉아 숭배자들을 내려다보는 제왕적 자세를 하고 있다. 그리노어는 그런 작품에서 얼굴만 워싱턴으로 교체한 조각을 만들었다고 해도 지나친 말이 아닌데, 영국의 군주가 싫다고 대통령제를 만들어낸 미국인들 눈에 첫 번째 대통령을 왕을 너머 아예 신 모습으로 묘사한 조각이 마음에 들었을 리 없다.

미국인이 사랑하는 워싱턴 초상

반대로 미국인이 워싱턴의 대표적 초상으로 기억하고 사랑하는 작품도 있다. 바로 미국 독립 당시 화가인 길버트 스튜어트(1755~1828)가 그린 작품이다. 그는 조지 워싱턴을 직접 찾아가서 실사를 한 후에 초상화를 여러 점 만들었다. 그중에서도 〈아테나움 초상〉이라는 별명이 붙은 워싱턴 초상은 미완이지만 얼굴 표정 묘사가 뛰어나 지금 사용되는 미국의 1달러 지폐에 있는 워싱턴 얼굴의 원작이 되기도 했다.

그가 그렇게 그린 초상 중 (작업을 맡긴 사람 이름을 따라) '랜스도운 초상'이라고 불리는 워싱턴의 초상은 가장 '미국 대통령다운' 모습으로 이야기되는 작품이다. 이 작품 속 워싱턴은 그가 실제로 입었던 단정하면서도 자신을 드러내지 않는 검은색 재킷을 입었을 뿐 아니라 일어서서 그림을 보는 사람을 맞이한다. 뒤에 의자가 없다면 그냥 '서 있는' 모습으로 보이겠지만 스튜어트는 워싱턴 뒤에 의자를 그림으로써 그가 그림을 보는 우리를 위해 방금 의자에서 '일어선' 것처럼 보이게 만들었다.

또한 오른손은 그가 방금 서명을 마친 법안을 우리에게 보여주며 설명하는 자세를 하고 있고, 그 서류가 놓인 책상의 다리는 미국 의회의 상징인 장식용 지팡이 모습을 하고 있다. 이런 디테일한 묘사는 대통령은 의회와 함께 일하는 사람으로 국민 위에 군

워싱턴의 초상(1796, 길버트 스튜어트)

미국에서 가장 인기 있는 워싱턴의 모습으로, 대통령이 국민을 위해 봉사
하는 존재로 보이게 하는 디테일을 담고 있다.

림하지 않으며, 국가의 주인은 국민이라는 메시지를 섬세하게 전달하는 것으로 받아들여진다.

게다가 워싱턴은 두 번의 임기를 마친 후 한 번 더 해달라는 주위의 제안을 뿌리치고 대통령직을 떠났는데 이 초상화를 그린 시점이 그렇게 퇴임을 앞둔 때였기 때문에 사람들은 그림 속 오른손 제스처를 국민에게 작별인사를 하는 것으로 해석하기도 한다. 이 모든 것이 미국인의 눈에는 가장 대통령다운 모습, 가장 워싱턴다운 모습으로 보이는 것이고 그래서 이 그림이 사랑을 받는 것이다.

시각미술이 정치의 도구가 될 때

지칭指稱이라는 단어에서 '지'는 손가락을 의미하며 그중에서도 검지 손가락은 많은 문화에서 일종의 '화살표'처럼 사용된다. 하지만 한국 문화에서는 '손가락질'이라는 부정적 행위와 연결되어 있어서 사람을 향해 사용하는 걸 피하는 반면 서구 문화에서는 그렇게 하는 것을 반드시 무례한 행위로 받아들이지는 않는다.

2019년 9월 총선 후 연립정부 구성에 실패한 이스라엘 리쿠드당의 대표이자 현 이스라엘 총리인 베냐민 네타냐후가 2021년 3월 실시한 조기 총선을 겨냥해 발표한 선거운동 포스터가 시선을 잡았다. 검은색 배경에 흑백사진으로 등장한 네타냐후는 오른손 검지손가락을 들어 정면을 가리키고 있다. 그리고 포스터 상하단에

는 히브리어로 이렇게 적혀 있
었다. "저들이 노리는 사람은
나뿐 아니라 당신이다. 단지 내
가 (당신에게 가는) 길을 막고 있
을 뿐."

이 포스터는 등장과 함께 화
제가 되면서 논란을 일으켰다.
포스터가 이야기하는 '저들'은
누구이고 '당신'은 누구이냐는
것이었다. 네타냐후는 1990년
대에 이스라엘 총리를 지낸 후
2009년에 다시 총리로 당선되
어 10년 넘게 장기집권했지만
뇌물수수와 사기 등의 혐의로

**이스라엘의 네타냐후 총리가 발표
한 선거 포스터**

"저들이 노리는 사람은 나뿐 아니라
당신이다. 단지 내가 (당신에게 가는)
길을 막고 있을 뿐"이라는 메시지로
부패 혐의로 기소된 상황을 뒤집으
려 했다.

검찰 조사를 받고 있었다. 개인적으로도, 정치적으로도 큰 위기
를 맞은 네타냐후가 이런 포스터를 만든 이유는 추측하기 어렵지
않다. 즉, 자신은 죄가 없으며 단지 '저들'이 '당신'과 같은 국민의
이익을 대변하는 자신을 노린다는 것이었다.

정치 포스터 돌려쓰기?

여기에서 '저들'은 자신을 기소한 검찰과 자신의 정적인 진보 세력 그리고 언론을 가리킨다. 정치인이 궁지에 몰릴 때 검찰과 상대당, 그리고 언론을 공격하는 것은 민주주의 국가에서 낯선 장면이 아니다. 하지만 그렇다고 해도 네타냐후의 포스터는 지나칠 정도로 낯이 익었다. 바로 도널드 트럼프가 똑같은 문구에 자기 얼굴이 들어간 포스터를 트위터에 올렸는데, 이미지를 네타냐후가 가져다가 거의 바꾸지 않고 재활용한 것이다.

미국 트럼프 대통령이 탄핵을 당한 날 트위터에 공유한 이미지

"사실 저들이 노리는 것은 당신이다. 다만 내가 저들이 (당신에게로) 가는 길을 막고 있을 뿐"이라고 적혀 있다.

트럼프가 트위터에 올린 흑백 이미지 역시 검은색을 배경으로 그가 손가락을 들어 정면을 가리키고 있고, 사진 위아래에 "사실 저들이 노리는 것은 당신이다. 다만 내가 저들이 (당신에게로) 가는 길을 막고 있을 뿐"이라고 적혀 있다. 그럼 트럼프는 왜 이런 이미지를 공유했을까? 그가 처한 상황이 네타냐후와 다르지 않았기 때문이다. 하원으로부터 탄핵을 당해 상원에서 탄핵심판을 기다리고 있었고, 2020년 11월에는 대통령 선거가 치러져 재임 여부가 결정되었기 때문이다.

게다가 네타냐후와 트럼프 모두 우익을 대변하는 대통령으로 진보 언론이 자신들에게 편파적이라고 믿었고, 검찰 역시 자신들에게 등을 돌린 권력이라고 생각했다. 따라서 그들은 둘 다 자신들이 받는 검찰 조사 혹은 탄핵은 자신의 정적이 벌이는 음모라고 믿었다.

하지만 트럼프가 트윗한 이미지는 그가 만든 게 아니라 그의 지지자들이 오래전에 만든 것이었다. 트럼프는 하원에서 자신의 탄핵이 결정된 날 그 이미지를 공유했을 뿐이다. 그럼 트럼프의 지지자들은 그 이미지를 새롭게 만들어냈을까? 그렇지 않았다. 그들은 비슷한 처지에 놓인 또 다른 우익 지도자가 사용한 문구와 분위기를 빌려왔을 뿐이다. 바로 인도의 나렌드라 모디 총리다.

정치 지도자의 프로파간다

인도의 인민당을 이끄는 모디 총리는 힌두민족주의 세력의 지지를 통해 정치적 생명을 유지했기 때문에 그가 집권한 뒤 힌두교도들의 과격주의가 갈수록 심해지고 있다는 비판을 받았다. 특

모디 총리 지지자들이 만든 포스터

트럼프와 네타냐후가 이용한 메시지의 원형으로 알려져 있다.

히 그가 개정한 시민법은 그 보호 대상에서 무슬림을 제외하는 바람에 14%에 달하는 무슬림 국민과 무슬림 국가들의 분노를 샀다. 그런데 이는 트럼프가 집권한 이후 유색인종 이민자들에게 불리한 정책을 추진하고 백인우월주의가 미국 사회에 퍼진 것과 매우 닮았다.

이렇듯 우익 정치 지도자 세 명이 같은 이미지와 표현을 사용해서 대국민 홍보 혹은 프로파간다를 펼친 것은 우연의 일치가 아니다. 그리고 역사적으로 처음 있는 일도 아니다. 이를 확인하려면 모디 총리의 메시지를 차용한 트럼프 지지자들이 다른 곳에서 가져온 이미지를 살펴볼 필요가 있다. 우리에게도 낯설지 않은 제1차 세계대전 당시 미군의 신병 모집 포스터 "미 육군은 당신을 원한다I WANT YOU FOR U.S. ARMY"가 그것이다.

특히 트럼프의 포즈는 이 포스터에 등장하는 미국의 상징 '엉클 샘Uncle Sam'의 포즈를 그대로 따라 했다는 점을 주목해야 한다. 미국은 제1차 세계대전에는 참전하지 않았지만, 유럽의 전쟁이 아메리카대륙에도 영향을 줄 수 있다는 사실에 긴장하면서 강한 군

**미국의 삽화가 제임스 몽고메리 플래그가 제작한 미 육군의 징병
포스터**(1917)

미국을 의인화한 '엉클 샘'이 등장한 것으로 유명하다.

대를 준비할 필요성을 느꼈다. 당시 인기 있던 미국의 삽화가 제임
스 몽고메리 플래그(1877~1960)는 미국의 상징색과 문양이 있는
모자와 옷을 착용한 인물을 그려 미국이라는 국가를 의인화했다.

**영국의 알프레드 리트가
1914년에 만든 징병 포스터**
당시 영국 국방장관 키치너 경의
얼굴을 사용했다.

 이 포스터는 무엇보다 당시 다른 포스터들과 달리 포스터의
'관객'을 정면으로 노려보며 마치 '삿대질'을 하는 듯한 공격적인
손가락 제스처를 하는 포즈가 국가를 국민 개개인과 직접적으로
연결하려는 고도의 심리적 전략을 취했다는 점에서 정치 포스터
역사에서 중요한 이정표가 되었다.

 하지만 이 포스터 역시 독창적인 시도는 아니었다. 제임스 플
래그가 그보다 2년 전에 나온 영국 징병 포스터의 포즈를 빌려왔

기 때문이다. 알프레드 리트(1882~1933)가 그린 포스터에는 수염을 기른 장군처럼 생긴 남자가 손가락을 들어 정면을 가리키고 있고, "조국은 당신을 필요로 한다JOIN YOUR COUNTRY'S ARMY"라는 문구가 포스터 하단에 있다. 여기에 등장한 인물은 영국 국방장관 키치너 경이다.

시각미술은 정치인에게 유용한 도구

미술사학자 토비 클라크 리트는 이 포스터가 등장한 이유를 이렇게 설명했다. 제1차 세계대전 이전에도 영국 국민은 애국심을 강조하는 징병 이미지들을 많이 보아왔지만 그때까지만 해도 군 입대는 일부의 관심사에 불과했을 뿐이고, 국가가 개인의 삶에 직접 개입하고 간섭하는 일은 드물었다. 하지만 제1차 세계대전이 발발하면서 전쟁은 온 국민이 참여해야 하는 일이 되었고, 그 과정에서 국가는 개별 국민에게 직접 요구를 하는 존재로 변한 것이다.

문제는 민주주의 체제에서 '국가'는 여전히 국민의 삶에 직결되지 않는 추상적 존재였다는 사실이다. 봉건주의 시대였다면 국가는 왕과 동일시되었으므로 왕이 직접 명령하면 되었지만, 민주주의 정치 혹은 공화국에서 국민과 직접 소통할 수 있는 존재와 방법이 필요했다. 그래서 영국의 입영 독려 포스터는 국가를 대신할 혹은 의인화할 수 있는 존재로 국방장관 얼굴을 사용했고, 그 포스터가 대서양을 건너 도착한 미국에서는 '엉클 샘'이라는 국가를 의인화한 이미지가 존재했기 때문에 그것을 이용한 것이다.

그러나 그 전통이 모디 총리-트럼프 대통령-네타냐후 총리에 이르면 이야기는 교묘하게 뒤집힌다. 과거에는 추상적 국가를 대신할 이미지를 찾았다면 이제는 정치 지도자가 (국가가 아닌) 자기 개인의 이익에 부합하는 주장을 국민에게 전달하는 방법으로 같은 시각적 문법을 사용하기 때문이다. 과거 포스터에서와 달리 이들 우익 정치인들의 '적'은 국가에 존재하는 언론, 검찰, 정당인데 마치 그들을 외부의 적처럼 묘사하고 자신이 곧 국민이고 국가인 것처럼 교묘하게 포장했다.

예나 지금이나 국가와 정치 지도자에게 시각미술은 유용한 도구다. 그리고 그 사실을 가장 잘 알아야 하는 사람들은 국민이다.

침몰한 배가 남긴 것

세계적으로 유명한 미술작품은 대개 실물로 보기 전에 책이나 웹사이트에서 먼저 접하게 된다. 그런데 많은 사람이 도판 밑에 등장하는 작품의 크기를 눈여겨보지 않고 무의식적으로 짐작해버리는 실수를 한다. 내게 이런 실수를 깨닫게 해준 작품이 제리코가 그린 〈메두사호의 뗏목〉이었다. 관객을 압도하는 엄청난 크기의 작품이다.

2020년 미국 아카데미 시상식에 후보로 올라간 한국 영화는 봉준호의 〈기생충〉만이 아니다. 세월호 침몰사고를 다룬 이승준 감독의 단편 다큐멘터리 〈부재의 기억〉도 후보에 올랐다. 이제 세월호 참사는 8년이 되었어도 여전히 우리 가슴을 아프게 하는 사건이고 사고 당시에는 외신을 많이 탔지만 많은 외국인에게는 여전히 낮선 사건이다.

대형 선박의 침몰은 전 세계적으로 종종 일어나는 사고이지만 세월호 사고가 특별한 것은 그것이 한국 사회의 단면, 특히 당시 정권의 문제점을 낱낱이 드러냈기 때문이다. 세월호 사고를 알고 있는 외국인들도 그 어처구니없는 내막은 물론 그 사고와 한국 정치의 연관성은 자세히 알지 못한다. 그런 점에서 〈부재의 기억〉 은 영화예술이 사회문제를 알리고 설명하는 역할을 했다.

프랑스판 세월호 사건

그런데 비슷한 일이 약 200년 전 프랑스에서도 일어났다. 그 사건의 내용을 들여다보면 소름이 끼칠 정도로 세월호와 닮았다. 다른 용도로 사용하던 선박을 승객용으로 무리하게 개조한 선박 에 400명이 넘는 승객이 탔다는 것도 그렇고, 무능하고 무책임한 선장 때문에 배가 사고를 당했는데, 정작 선장은 많은 승객을 내 버려두고 안전하게 도망했다는 사실, 그리고 그 사고가 당시 보 수정권에 큰 타격을 주었고, 갈라져 있던 국론은 그 사고에 대한 해석을 완전히 다르게 했다는 것까지 놀랍도록 비슷하다.

하지만 당시 한 젊은 무명화가가 무서운 집념으로 그 사건을 거대한 화폭에 담아 남기지 않았으면 그 사건은 우리에게 잊혔을

메두사호의 뗏목(1819, 테오도르 제리코)

당시 한 선박의 침몰이 드러낸 프랑스 정부의 부패와 무능을 프랑스 사회에 널리 알렸다.

지 모른다. 그 화가는 훗날 프랑스 낭만주의의 거장으로 불리게 된 테오도르 제리코(1791~1824)였고, 그가 그린 작품은 〈메두사호의 뗏목〉이다.

이 사건의 전말은 이렇다. 나폴레옹의 혁명이 휩쓸고 간 1814년, 프랑스에 부르봉 왕조의 왕정이 복귀했다. 왕좌에 앉은 루이 18세는 혁명파 사람들을 공직에서 밀어내고 왕정을 지지했던 사람들을 앉히는 작업을 했다. 그 과정에서 자신에게 충성했던 위

그 드로이 뒤 쇼마레를 메두사라는 배의 선장으로 임명했는데 그 배는 1816년 프랑스가 영국으로부터 아프리카 세네갈의 식민지를 인계받는 과정에서 프랑스 식민지 총독을 포함한 승객 400여 명을 실어나르는 데 동원되었다.

뗏목으로 탈출한 승객 150명 표류

문제는 당시만 해도 프랑스에는 아프리카로 가는 항해지도가 지나치게 오래된 버전밖에 없었고, 쇼마레 선장은 배에 타본 지 20년이 넘은 데다가 한 번도 선장을 해본 적이 없었다는 사실이다. 메두사호에 탄 승객들은 몰랐지만 프랑스에서 아프리카 서북부에 있는 세네갈까지 가는 길은 사실상 모험이나 다름없었다. 특히 아프리카 서부 해안선을 따라 내려가는 항로는 긴 모래톱 때문에 아주 조심하지 않으면 배가 좌초될 위험이 컸는데, 경험이 전무한 선장은 자기 일을 (역시 경험이 부족한) 부하에게 몰래 떠넘기고 손을 떼고 있었다.

그러다가 결국 배가 좌초하게 되었다. 선장과 선원들은 배를 바로잡으려고 시도했지만 목선인 메두사호 바닥에 구멍이 났고, 배는 서서히 가라앉았다. 무선통신도 없던 시절이었으므로 구조요청도 할 수 없고 이대로 죽을 게 분명하다는 판단이 들자 그들은 배에 있던 작은 구명보트 몇 대에 나눠 타고 탈출하기로 했다.

물론 구명보트는 턱없이 부족했지만 배가 빠르게 가라앉지는 않았으므로 승객을 50킬로미터 떨어진 해안까지 구명보트로 두세 번에 나눠 실어나를 수 있었다. 하지만 선장은 그렇게 하는 대신 폭 7미터, 길이 20미터의 거대한 뗏목을 만들어 나머지 승객 150명을 모두 옮겨 싣고 구명보트가 그 뗏목을 끌고 해안으로 가겠다는 어처구니없는 계획을 세웠다.

뗏목은 완성되자마자 표면이 물에 잠겼을 만큼 문제가 있었지만 선장은 그대로 강행했고, 결국 150명을 태웠지만 이 과정에서 실수로 태우지 못한 승객 10여 명이 좌초된 배에 남겨졌다. 그 뗏목을 끌고 몇 킬로미터를 채 가지 못했을 때 더 끌고 가는 게 불가능하다고 판단한 선장과 선원들은 뗏목을 끌던 밧줄을 잘라버리고 자기들만 해안으로 가기로 했다. 뗏목에 남겨진 사람들은 죽어도 자신들의 목숨은 건져야겠다는 어처구니없는 결정을 한 것이다. 그들은 무사히 해안에 도착했지만 뗏목에 남은 사람들을 구조하지 않은 채 육로로 목적지를 향해 떠나버렸다.

뗏목은 완전히 가라앉지는 않았지만 뜨거운 바다 한가운데 남겨진 150명은 이동할 방법도 없이 차례차례 죽어갔다. 뗏목에 조금 있던 물과 비스킷은 금방 바닥났고, 탈진한 사람들은 뗏목 위에서 숨을 거두기도 하고 고통스러워 물에 뛰어들어 죽기도 했다. 그렇게 뗏목에 탔던 150명은 4일 만에 67명으로 줄어들었는데, 이들은 배 위에서 죽은 사람들 시신을 먹었다. 그리고 그것도 모자라게 되자 부상한 사람이나 죽어가는 사람들을 뗏목 밖으로 밀어내버리는 일까지 일어났다.

무명화가의 노력이 진실을 알리다

제리코의 〈메두사호의 뗏목〉은 그렇게 15일이 지난 후 뗏목에 탔던 150명이 15명으로 줄어든 시점을 묘사했다. 화면에는 보이지 않지만 그들은 메두사호와 함께 프랑스에서 출발한 영국 선박 아르고가 지나는 것을 보고 도와달라고 외쳤다고 한다. 아르고는 그들을 보지 못하고 지나쳤다가 극적으로 뗏목을 발견해 그들을 구조했다. 아르고 선원들은 뗏목 위에 있던 사람들이 죽은 사람들의 시신을 잘라서 널어놓고 말리는 장면과 그들에게 일어난 일에 충격을 받았다. 이 소식은 프랑스로 전해졌지만 부르봉 왕실은 이 이야기가 나라에 퍼지지 않도록 막았다.

생존자의 증언이 책으로 출간되면서 이 사실을 알고 분노한 20대 화가 제리코는 이를 가로 7미터, 세로 4.9미터의 거대한 화폭에 담기로 했다. 당시 상황을 최대한 생생하게 기록하려고 생존자들을 만나 이야기를 들었고 바다에 나가 파도가 부서질 때 어떤 빛을 띠는지 연구했다. 또 부랑자 시신을 가져다 지붕 위에

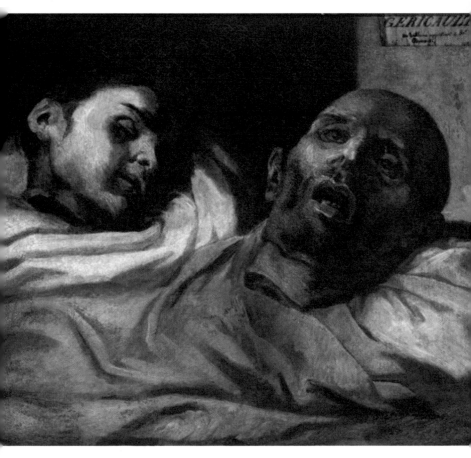

제리코는 메두사호의 뗏목에서 죽어간 사람들의 시신을 사실적으로
묘사하기 위해 부랑자 시신을 가져다가 부패하는 모습을 습작으로
남겼을 만큼 철저하게 준비했다.

올려놓고 햇볕 아래에서 시신이 어떻게 부패하는지 기록해 뗏목에서 죽어간 사람들 모습을 생생하게 살려냈다.

〈메두사호의 뗏목〉은 1819년 파리 살롱에 출품되어 엄청난 논란을 불러일으켰다. 뗏목에서 가장 높은 위치를 차지하고 (보이지 않는) 배를 향해 손을 흔드는 인물을 흑인으로 그려 넣은 것이나 돌조각처럼 차가운 그림을 그리던 신고전주의를 버리고 감정이 휘몰아치는 격정을 묘사한 그림은 사람들에게 큰 충격을 주었다. 당시 주류 화가들은 제리코가 이 그림으로 선보인 낭만주의를 '시체더미 그림'이라고 크게 비난했다. 하지만 그가 보여준 사실성과 날것의 감성은 젊은 화가들에게 깊은 인상을 남겼다. 특히 같은 세대 화가 외젠 들라크루아는 제리코 화풍을 이어받아 프랑스에 낭만주의를 꽃피운다.

28세에 이런 대작을 남긴 제리코는 아쉽게도 32세에 요절하지만 그가 죽은 직후 루브르미술관은 〈메두사호의 뗏목〉을 구매했고, 이 작품은 지금도 이 미술관에서 아주 중요한 작품 중 하나로 많은 관객의 발길을 멈춰 세운다.

제리코의 그림 〈메두사호의 뗏목〉의 크기를 짐작해 볼 수 있는 사진.

PART 4

도시, 도시인

몇 년 전부터 대대적인 개혁을 하고 있다고 하지만 중국은 농촌에서 태어난 사람이 도시로 이주하지 못하도록 하는 후커우户口 제도를 수십 년 동안 유지해왔다. 이 제도는 거주·이전의 자유를 제한함으로써 결과적으로 농촌에서 태어난 사람들이 농업을 벗어나지 못하게 묶어두는 역할을 했다. 그런데 이 제도가 21세기까지도 남아있었다는 게 낯설게 느껴지는 것일 뿐 과거에는 많은 나라들의 상황이 비슷했다. '도시의 공기가 자유를 만든다'는 유명한 문구는 중세 유럽에서 대대로 태어난 땅에 묶여 살던 농노들이 도시로 달아나서 '1년＋하루'를 살면 이전의 신분에서 벗어날 수 있었던 데서 비롯되었다.

따라서 도시의 성장은 단순히 집단 주거지 탄생 이상의 의미를 갖고 있다. 도시는 사람들의 신분, 직업, 거주방식, 소통방식 등 모든 것을 바꿨다. 예술가들은 처음에는 도시를 좁고 더러운 곳으로 생각하며 자연과 역사를 작품의 소재로 선호했지만, 그들이 도시만이 가진 매력을 발견하는 데는 오랜 시간이 걸리지 않았다.

두 도시 이야기: 마천루의 시작

세계의 각 도시가 가진 고유하고 독특한 모습은 건축가들이 만들어 냈다고 생각하기 쉽다. 하지만 도시 전체의 모습을 결정하는 것은 법이다. 유럽의 어느 오래된 도시의 건물들 지붕 색이 똑같다면 그건 도시의 건축법이 그만큼 엄격하게 규제한다는 뜻이다. 뉴욕과 시카고의 스카이라인이 미묘하게 다른 것도 마찬가지다.

뉴욕시 맨해튼에 있는 센트럴파크 남쪽에는 흥미로운 빌딩들이 들어서 있다. 멀리서 보면 마치 연필처럼 가늘고 긴 빌딩들이다. 맨해튼이 너무 높아서 하늘을 긁는다는 뜻의 마천루skyscraper로 유명하지만, 요즘 들어서는 것처럼 좁고 높은 빌딩은 과거에는 본 적이 없다. 어느 건축 평론가는 이 현상을 두고 로마제국이 시멘

최근 뉴욕 맨해튼 센트럴파크 남쪽에 연필처럼 길고 가는 빌딩들이 들어서고 있다.
(사진 출처: 서터스톡)

트로 돔을 만든 것이나, 19세기 말 미국에서 처음 등장한 마천루처럼 한 시대의 건축을 상징할 만한 사건이라고까지 말했다.

왜 뉴욕에서는 21세기에 이런 새로운 형태의 건물을 지을까? 이걸 이해하려면 현대 건축사의 흥미로운 한 부분을 들여다봐야 한다. 바로 근현대 미국을 대표하는 두 도시 뉴욕과 시카고의 마천루 건축사 이야기다.

두 도시의 경쟁

디자인에 관심이 있는 사람들이라면 "형태는 기능을 따른다"는 말을 한 번쯤 들어보았을 것이다. 이는 19세기 말, 20세기 초 미국에서 이름을 날린 유명한 건축가 루이스 설리번(1856~1924)이 한 말로, 건물 형태는 그 건물이 사용되는 용도에 따라 결정되어야 한다는 뜻이다.

지금은 너무나 당연하고 상식적인 말이 되었지만 당시에는 혁명적인 표현이었다. 왜냐하면 당시까지만 해도 건물을 지을 때는 과거의 유명한 양식 중 하나를 빌려서 짓는 것이 상식이었기 때문이다. 그리스식, 고딕식, 르네상스식 등 과거 유럽의 찬란했던 건축사에서 잘 알려진 양식 중 하나를 골라 건물을 지었으므로 서구에서는 100년 이전에 지어진 건물들은 하나의 스타일이 설명서처럼 따라다닌다.

하지만 설리번이 활동하던 19세기 말에는 대도시에 인구가 집중되면서 공간이 부족해지자 높은 빌딩이 필요하게 되었다. 마침 강철을 만드는 기술도 발전했으므로 사람들은 좁은 도시를 효율적으로 사용할 수 있는 빌딩을 지으려고 했다. 그런데 과거 건축사의 전통적 양식으로는 공간 낭비가 너무 심했다. 고딕식 첨탑이나 로마식 돔은 보기에는 아름다울 수 있어도 사무공간으로 사용할 수 없는 죽은 공간이었고, 르네상스식 건물 역시 지나친 장식으로 건축비 낭비가 심했다.

설리번은 건물을 지을 수 있는 공간을 직육면체로 가득 채운 새로운 형태의 건축물을 원했다. 장식이 많은 전통적인 건축만 보아온 사람들에게 평범한 직육면체에 가까운 괴상한 건축물을 지어야 하는 이유를 어떻게 설명할 수 있을까? 설리번은 건물은 장식이 중요한 것이 아니라 그것이 수행하는 기능이 중요하고 거기에 충실해야 한다고 설득하며 "형태는 기능을 따른다"라고 한 것이다.

미국에 마천루를 처음 소개한 사람들은 이른바 '시카고 스쿨'에 속한 건축가들이었다. 여기에는 설리번과 그의 제자이자 미국 건축의 상징인 프랭크 로이드 라이트(1867~1959)도 포함된다. 흔히 20세기의 뉴욕이 마천루 건축을 주도했다고 알고 있지만 사실은 시카고가 초기의 주도권을 잡았다. 특히 19세기에 발명된 베세머Bessemer 강철을 이용한 최초의 현대적인 고층빌딩도 뉴욕이 아닌 시카고에 먼저 등장했다. 빠르게 성장하던 미국 경제와 도시 부동산의 수요 그리고 건축기술이 만난 것이다.

비록 설리번은 장식보다 기능을 강조했지만, 그가 활동하던 시절만 해도 건물 외벽에는 아름다운 무늬가 남아 있었고, 균형미를 잃지 않았다. 하지만 뉴욕이 경쟁에 뛰어들면서 건물이 변했다. 높은 건물이 많아지면서 도시가 보기 흉해졌다는 비판 때문에 시카고가 빌딩 높이를 46미터로 제한한 사이, 높이 제한을 두

지 않은 뉴욕에 지금 우리에게도 유명한 플랫아이언 빌딩(86.9미터), 울워스 빌딩(241미터) 등이 마구 들어서 시카고 스카이라인을 비웃기 시작했다.

어둡고 숨 막히는 도시

그런데 두 도시가 마천루 경쟁을 벌이는 동안 도시에 사는 주민들이 불만을 털어놓기 시작했다. 좁은 도시에 하늘을 찌를 듯한 건물들이 빽빽하게 들어서면서 대낮에도 길거리는 어둡고 숨이 막혀서 살기 힘들다는 것이었다. 그런 불만은 당연히 마천루가 더 높고 많은 뉴욕시에서 심했고, 그 결과 1916년 뉴욕에서는 건물 부지를 가득 채우는 직육면체 형태의 마천루 건축을 금지하는 법이 생겨났다.

'1916년 용도구획법'이라고 불리는 이 조치는 뉴욕의 스카이라인을 크게 바꿨다. 건물을 높게 짓고 싶다면 이른바 셋백setback이라는 방법을 사용해야 했다. 건물이 위로 올라가면서 계단 형태로 점점 좁아지도록 한 것으로, 이 법의 핵심은 도시 거주민들이 하늘을 볼 수 있고, 햇볕을 쬘 수 있게 하는 데 있었다.

1932년의 맨해튼 사진을 보면 1916년에 제정된 법이 스카이라인을 어떻게 바꿨는지 쉽게 알 수 있다. 반면 같은 시기에 시카

1932년 뉴욕 맨해튼의 스카이라인

셋백setback 룰이 적용되어 고층으로 올라갈수록 계단 모양으로 좁아지는 모습을 한 빌딩들이 생겨났다.

고는 그런 법을 제정하지 않고 높이만 제한했기 때문에 지금 기준으로는 다소 작고 뚱뚱해 보이는 빌딩들로 스카이라인이 만들어졌다.

그렇다면 21세기에 들어서서 갑자기 맨해튼의 스카이라인을 바꾸고 있는 연필 모양 마천루들은 왜 등장한 걸까? 이 역시 뉴욕의 건축법과 무관하지 않다. 뉴욕시는 1961년, 수십 년 된 용도구획법을 개정하면서 FARfloor-area-ratio, 우리 식으로 말하면 '용적률'

에 해당하는 규칙을 만들었다. 대지 면적을 기준으로 건축물 부피에 제한을 둔 것이다. 즉, 건물을 가늘고 높게 짓든, 낮고 넓게 짓든 총부피만 맞추면 되었다.

뉴욕식 자본주의 정신

그런데 여기에서 뉴욕식 자본주의 정신이 발휘된다. 용적률에 제한을 받아서 일정 높이 이상을 지을 수 없게 된 건축주라도 주변에 건물을 더 높게 지을 수 있음에도 용적률을 모두 사용하지 않아서 공중권air rights이 남아도는 건물이 있다면 그 건물주에게서 공중권을 사들일 수 있게 한 것이다.

원래는 역사적 가치가 있는 낮은 건물을 부수고 더 높은 빌딩을 지으려는 건물주를 만류하는 대신 재산권을 보전해주기 위해 만들어진 제도였지만, 일단 법이 통과된 후에는 돈 있는 사람들이 맨해튼에서 상대적으로 낮은 건물의 주인들을 찾아다니며 공중권을 사들였다. 그런 대표적 건물이 맨해튼의 유명한 트럼프 타워다. 원래는 용적률 때문에 20층 이상 올릴 수 없던 것을 인근에 있는 오래된 티파니 빌딩의 공중권을 사들여 58층의 타워가 된 것이다.

그러다가 21세기 들어 전 세계적으로 빈부격차가 극심해졌고

루이스 설리번이 설계한 시카고 증권거래소 빌딩

시카고의 초기 마천루 빌딩들은 대지를 가득 채운 직육면체로 되어 있었다.

갑부들이 안전한 투자처를 찾아 부동산을 매입하면서 가격을 높이기 시작했다. 특히 뉴욕을 비롯한 미국의 대도시는 러시아와 중국의 자본이 들어왔지만 투자할 빌딩이 부족했다. 그런 잉여자본이 찾은 것이 센트럴파크 남쪽에 남은 작은 땅들이었다. 그런 작은 땅에 건물을 지으려면 용적률 때문에 고층을 만들 수 없겠지만, 센트럴파크를 내려다보는 고층 아파트를 짓고 싶은 개발업자들은 작은 부지에서 건물을 더욱 좁게 만들어냈다. 지난 수십 년 동안 발전한 건축기술과 뉴욕 건축법의 도움으로 그렇게 작은 땅에도 초고층 빌딩을 지을 수 있었던 것이다.

결국 오늘날 바뀌고 있는 맨해튼의 스카이라인은 자본과 건축법 그리고 건축기술이 만들어낸 합작품이라는 점에서 19세기와 달라진 건 없다. 그저 모양만 달라졌을 뿐이다.

뉴욕 엠파이어 스테이트 빌딩에 적용된 셋백.

위대한 길거리 사진은 끝났다

"몰래카메라가 아니라 불법 촬영입니다." 내가 이 문제를 이야기하던 중에 들었던 말이다. 예능 프로그램 제목에서 가져온 가벼운 장난이 아닌 불법행위임을 분명히 하는 지적이었다. 하지만 이는 단순한 용어의 변화가 아니다. 굳이 카메라를 숨기지 않았더라도 피사체의 동의를 받지 않고 다른 사람을 촬영하는 것은 불법의 소지가 있다. 사진기를 아무 데서나 꺼낼 수 있었던 20세기는 끝난 지 오래다.

최근 몇 년 동안 우리가 사는 도시 곳곳에 방범 카메라가 빠르게 늘어나고 있다. 처음에는 마치 조지 오웰의 소설이 현실이 된 것 같았지만, 우리는 그 모습에 금방 익숙해졌고 일상적인 풍경의 일부가 되어가고 있다. 사람들은 방범 카메라 설치에 찬성하기도,

반대하기도 한다. 하지만 양쪽 모두 같은 이유를 든다. 누군가가 나를 지켜보기 때문이다.

내가 언제, 어디서, 누구와, 어떤 모습으로 다니는지는 개인적인 정보인데 그걸 다른 사람이 지켜볼 수 있다는 사실은 몹시 거북하다. 반면에 한밤에 으슥한 길을 갈 때 누군가 나를 그리고 혹시 모를 치한을 지켜본다는 사실이 안도감을 주기도 한다. 하지만 엄밀하게 말하면 그 장소에 있는 누구나 나를 지켜볼 수 있는 건데 왜 사람들은 굳이 방범 카메라에 유독 민감하게 반응할까?

길거리 사진 전성기

방범 카메라의 핵심은 기록이다. 단순히 보는 것이 아니라 나중에 추적할 수 있는 기록으로 남기 때문에 꺼려지는 것이고, 방범 효과가 있는 것도 범인의 모습과 이동 경로를 확인할 기록이 남기 때문이다. 그렇다면 사람들은 자기 모습이 기록으로 남는 것을 꺼리는 걸까? 물론 그렇지 않다. 특히 스마트폰이 등장한 후 많은 사람이 강박에 가까울 만큼 셀카를 많이 찍어 보관하고 공유하는 것을 보면 사람들은 자기 모습이 기록으로 남는 것 자체를 싫어하지는 않는다.

사람들이 싫어하는 것은 자기 모습이 자기 허락 없이, 자신이

컨트롤할 수 없는 방법으로 기록되는 것이다. 페이스북에 사진을 삭제해달라는 요청이 쇄도하는 때는 크리스마스와 새해 첫날이라고 한다. 전날 파티 때 누군가 찍은 사진에 자기 얼굴이 원하지 않는 모습으로 끼어들어 간 것이 마음에 들지 않아서 지워달라고 한다는 것이다.

물론 사람들은 처음부터 그렇게 하지 않았다. 쉽게 들고 다니면서 사진을 찍을 수 있는 카메라가 나온 20세기 초만 해도 사람들은 누군가 자기 사진을 찍는다 해도 자신이 어떻게 찍혔는지 알 수 없었고(필름 카메라는 인화하기 전까지는 결과물을 볼 수 없다) 그 사진이 어디를 어떻게 돌아다닐지 알지 못했다. 우리가 종종 보는 1900년대 초중반 길거리 사진이 대부분 그렇게 찍힌 것들이다.

그중에는 구한말이나 일제강점기에 미국인 선교사들이 찍은 저잣거리 상인들이나 우물가 아낙네들, 담뱃대를 물고 있는 양반들도 있고, 한국전쟁에 참전한 유엔 군인들이 찍은 피란민들 모습도 있다. 그런데 사진작가가 그 사람들에게 사진을 찍어도 되냐고 양해를 구한 사진들이 얼마나 될까? 거의 없을 것이다. 하지만 옛날 길거리 사진들 속 사람들은 대개 무표정하게 카메라를 바라보거나 별생각 없이 환하게 웃고 있다. 물론 오늘날 누가 그렇게 길가는 사람들 얼굴에 카메라를 들이대면 욕을 먹거나 경찰에 신고를 당한다. 허락 없는 촬영에 대한 우리의 태도는 달라졌다.

1974년 뉴욕 지하철 안의 모습

'길거리 사진'이란 공개된 장소에서 연출 없는 우연한 장면을 찍은
작품들을 가리킨다.

길거리 사진의 불편함

하지만 그런 태도 변화와 함께 위대한 '길거리 사진street photogra-phy' 시대가 끝났다고 한탄하기도 한다. 현대적인 사진기를 처음 만든 루이 다게르가 찍은 세계 최초의 사진이 파리 길거리였을 만큼 사진과 길거리 풍경은 뗄 수 없는 관계이지만 사진기가 작아지고 빠르고 밝은 렌즈로 촬영이 가능해진 1900년대 초중반이야말로 길거리 사진의 전성기였다. 거리의 사람들이 자기 모습이 찍히는 것에 대해 반감이 없거나 크지 않았기 때문이다.

당시 찍힌 많은 길거리 사진 중에서도 관객들이 좋아하는 사진은 피사체가 사진이 찍히는 줄 모르고 찍힌 이른바 캔디드candid 사진들이다. 인물사진의 관객이라면 대개 연출되지 않은, 카메라를 의식하지 않은 인간의 솔직한 모습을 보고 싶어 하기 때문이다. 그런데 아무리 사전 동의 없이 찍어도 피사체가 자신을 찍으려는 카메라를 보면 의식하게 되는 건 어쩔 수 없다. 그래서 워커 에번스(1903~1975) 같은 사진작가는 카메라를 외투에 감추고 지하철에 올라타서 친구와 대화하는 척하면서 몰래 셔터를 누르는 방법을 사용했다.

그렇게 찍은 에번스의 사진 속에는 어두운 지하철에 멍하니 앉아 있는 1930~1940년대 뉴욕 사람들의 꾸밈없이 솔직한 모습이 잘 담겼다. 지금은 길거리 사진의 대가로 불리며 그의 사진들

길거리 사진으로 유명한 워커 에번스의 초상(1937)

이 뉴욕 현대미술관에 전시되어 있지만, 80년이 지난 지금 누군가 서울의 지하철에서 같은 방법으로 몰래 사진을 찍는다면 신고를 감수해야 할 거다. 물론 이에 대해서는 불법 촬영 문제가 심각한 동아시아 국가들에서 더욱 민감하지만 이제는 서구에서도 상황이 많이 달라졌다.

그리고 꼭 짚고 넘어가야 할 길거리 사진의 불편함이 있다. 초창기부터 사진기를 들고 다닐 수 있었던 사람들은 돈이 있는 백인, 특히 남성들이었고 길거리에서 허락 없이 사진이 찍히게 된 피사체들은 대개 일상에 지치고 가난한 일반인들이었고, 보도사

폴톤 거리 Fulton street**의 여자**(1929)

워커 에번스는 평범한 도시 사람이나 여인들의 꾸밈없는
모습을 찍으려고 몰래카메라도 사용했다.

The Metropolitan Museum of Art, Walker Evans, 1994(1994,253,1)
© WALKER EVANS ARCHIVE, The Metropolitan Museum of Art

진의 경우 힘없는 피해자들이었다. 서구열강의 남성들이 아시아
와 아프리카 식민지 사람들을 마치 흥미로운 동물을 발견한 듯
사진에 담아 기록하던 행위와 원칙적으로 크게 차이가 없다는 것
이다. 그것이 가난한 사람들의 어려운 환경과 처지를 알리려는
목적이든, 인류학적 기록의 목적이든 말이다.

대상이 아니라 당당한 주체

서양 선교사와 미군이 찍어준 우리의 과거 모습이 소중한 기록임은 사실이지만, 그들이 피사체의 동의 없이 함부로 찍은 것도 사실이다. 이는 과거의 문제만도 아니다. 동네벽화로 유명한 통영 동피랑마을 주민들은 외지에서 온 관광객들이 동네는 물론이고 자신들의 생활공간에까지 카메라를 들이대는 데 질려서 제발 그러지 말라는 호소문까지 붙여두어야 했다. 이런 행위는 '빈곤 포르노'라는 말이 나올 만큼 아마추어 사진작가들에게 일반화된 문제이기도 하다.

물론 피사체 동의 없이 찍은 길거리 사진들이 모두 그렇게 피사체를 객체화하는 건 아니다. 가령 '3대 휴머니즘 작가'라고 일컬어지는 로베르 두아노(1912~1994), 윌리 로니스(1910~2009), 앙리 카르티에 브레송(1908~2004) 같은 프랑스 길거리 사진작가들의 작품은 비록 일부 연출한 흔적을 의심하게 되기는 해도 피사체를 단순한 관찰 대상으로 바라보지 않는다. 미국의 여성작가 비비안 마이어(1926~2009)의 작품도 거리에서 마주치는 사람들을 피사체로 사용했지만, 그들은 대부분 당당한 주체로 등장한다.

그렇다고 몰래카메라를 사용한 에번스나, 범죄자나 피해자의 사진을 적나라하게 찍어낸 위지Weegee(본명은 아서 펠리그였으나 예명으로 알려져 있다) 같은 작가들의 예술적 가치를 21세기 사람들의 잣대로 쉽게 깎아내릴 수는 없다. 다만, 그렇게 솔직한 사람들 모습을 담은 길거리 사진의 시대는 끝났고, 이제는 TV 뉴스에서 길거리를 찍은 화면이 나와도 거리를 지나는 사람들 얼굴이 모두 흐리게 처리되는 세상이 되었다. 사람들의 얼굴은 소셜미디어에 넘쳐나지만 철저하게 의식해서 연출된 사진들이다.

하지만 그렇다고 해서 후세 사람들이 21세기의 길거리 풍경을 구하기 어렵지는 않을 거다. 전국 방방곡곡에 깔린 방범 카메라와 CCTV가 찍어낸 영상이 전부 어디에 저장되는지 파악하는 사람도 없고 제대로 관리될 리도 없기 때문이다. 100년 후 어느 인류학자가 2022년의 한국 거리를 다니는 사람들 얼굴이 생생하게 담긴 HD급 영상이 들어 있는 하드 드라이브를 찾아낼 가능성은 충분하다.

위지의 길거리 사진을 소개한 기사. 그의 카메라가 개인의 공간과 사적인 순간을 얼마나 침범했는지 잘 보여준다.

인터내셔널 스타일을 찾아낸 뉴욕 현대미술관

현대 미술사, 혹은 건축사를 공부할 때 반드시 배우게 되는 것이 인터내셔널 스타일International Style이다. 하지만 처음 배우는 학생들은 다소 당황스러워하는데, 그도 그럴 것이 우리가 아는 '빌딩'의 가장 일반적인 모습처럼 보이기 때문이다. 흔하게 느껴질 만큼 많은 영향을 남겼고 다양한 모습으로 흡수되었지만, 순수한 의미의 인터내셔널 스타일을 발견하면 그 미니멀한 아름다움에 놀라게 된다.

흔히 '모마MoMA'라는 이름으로 불리는 뉴욕 현대미술관은 설명이 필요 없을 만큼 세계적으로 유명한 미술관이다. 이 미술관은 뉴욕이 파리로부터 '세계 미술의 중심'이라는 타이틀을 빼앗아오는 과정에서 중요한 역할을 했고, 이제는 뉴욕을 방문하는 관광객이

1939년 당시 뉴욕 현대미술관MoMA의 모습

현대미술관은 이 건물을 통해 세계적으로 새롭게 떠오르던 새로운 건축양식인 '인
터내셔널 스타일'을 미국에 소개했다.

라면 미술을 좋아하든 좋아하지 않든 꼭 한 번 들러야 한다고 생
각할 만큼 명소가 되었다. 땅값이 비싸기로 유명한 맨해튼에 처음
설립된 이 미술관은 설립 10년 만인 1939년, 현재 위치인 53번
가에 자리 잡은 이후 덩치가 계속 커졌지만 다른 곳으로 이사하
지 않고 옆 건물들을 야금야금 사서 확장하는 것으로 유명하다.

오늘날 모든 것이 그렇듯 세계 최고, 최대가 되지 않으면 도태

되는 세상이기 때문에 뉴욕 현대미술관 역시 필사적으로 규모를 키우고 있다. 가장 최근에는 특히 2019년 여름에 문을 닫고 4억 5,000만 달러, 우리 돈으로 5,200억 원이 넘는 돈을 들여 대대적인 개조, 확장 공사를 한 뒤 10월 말에 다시 문을 열었다. 워낙 미술계의 관심을 끌었던 확장이기 때문에 재개장과 함께 언론의 큰 주목을 받았고, 미국의 매체들은 뉴욕 현대미술관의 과거와 현재의 모습을 보여주는 기사를 일제히 내보냈다.

뉴욕 현대미술관 설계가
충격적이었던 이유

그런데 기사에 등장한 사진들 중 가장 눈에 띄는 것은 제일 화려해 보이는 현재 모습이 아니라 이 미술관이 처음으로 '자기 집'을 갖게 된 1939년 사진이다. 그전까지만 해도 이미 지어진 건물에 들어서 있던 현대미술관이 미술관 전용으로 건물을 짓는다면 그 위상에 걸맞게 건축부터 달라야 한다고 생각했고, 필립 L. 굿윈(1881~1935), 에드워드 듀렐 스톤(1902~1978)이라는 당대 유명 건축가들에게 설계를 맡겼다. 그렇게 지어진 이 건물이 준 시각적 충격은 당시의 사진만으로도 충분히 짐작할 수 있다. 지금 보면 마치 공장처럼 보이는 직육면체 건물이 뉴욕 부유층의 전통적 주택인 4, 5층짜리 타운하우스 건물들 사이를 비집고 들어앉은 모습이다.

이런 스타일은 어디에서 왔고 뉴욕 현대미술관은 왜 뜬금없이 이런 설계를 했을까? '인터내셔널 스타일' 혹은 '국제주의 양식'이라고 불리는 이 건축사조에 이름을 붙인 사람들이 바로 뉴욕 현대미술관의 큐레이터였던 헨리 러셀 히치콕과 필립 존슨 두 사람이었다. 이들은 1920년대 이후 서구에서 새롭게 등장하던 건축사조를 살피다가 몇 가지 특징을 발견했고, 이를 하나의 건축사조로 정리해 현대미술관에서 전시회를 연 뒤 『인터내셔널 스타일: 1922년 이후의 건축』이라는 책을 펴냈다.

이는 미술관, 특히 현대미술관이 역할을 잘 수행하면 어떤 일을 할 수 있는지 보여주는 좋은 예다. 큐레이터는 유명한 미술작품을 사거나 빌려와서 예쁘게 전시하고 사람들에게 쉽게 설명해주는 사람들이 아니다. 그들은 미술계에 일어나는 새로운 바람을 제일 먼저 감지하고 그 풍향을 정확하게 짚어내 정의, 해석한 후 자신의 해석을 분명하게 전달할 수 있는 작품들을 모아 전시회를 열어 대중과 소통하고, 전시 카탈로그와 책을 발간해서 시간적으로 제한된 전시를 넘어 중요한 기록으로 남기는 작업을 하는 사람들이다. 뉴욕 현대미술관이 현대미술의 '전당'처럼 여겨지는 이유는 그 작업을 20세기 초부터 꾸준하게 성공적으로 수행해왔기 때문이다.

건물의 핵심은 내부 공간

그런데 뉴욕 현대미술관은 거기에서 그치지 않고 한 걸음 더 나아가 자신들이 정의하고 이름 붙인 '인터내셔널 스타일'을 뉴욕시 한복판에 구현한 건물까지 지어버렸다. 말하자면 자신들이 주장한 현대미술의 가치를 철저하게 믿고 있음을 건물로 보여준 것이다.

그렇다면 뉴욕 현대미술관이 인터내셔널 스타일의 가치를 그토록 찬양하고 증명하려 했던 이유는 뭘까? 그것이 건축에 '현대'라는 이름을 붙일 수 있는 사실상 첫 번째 양식이었기 때문이다. 19세기까지만 해도 서구의 많은 건축물이 '고딕 양식', '그리스 양식'처럼 역사 속의 특정 시대나 지역의 이름을 따른 스타일로 지어졌고, 대부분 육중한 돌을 쌓아 만든 외관에 온갖 조각을 붙이는 장식에 건축비의 상당 부분을 썼다. 당시만 해도 건축물은 그 자체로 하나의 자랑이고 작품이었지 기능을 수행하는 공간이라는 개념이 강하지 않았다.

하지만 19세기 말에 들어오면서 자본주의가 급속도로 발전했고, 그런 자본주의를 대표하는 기업들은 사무직 노동자들이 일할 수 있는 사무실 공간이 절실해졌다. 그런데 자본주의의 기업은 이윤을 내야 하는 조직이고, 이윤은 비용과 밀접하게 관련되어 있었다. 즉, 불필요한 비용이 늘어날수록 기업 이윤은 줄어든

인터내셔널 스타일의 대표적 건축가 미스 반 데어 로에가 설계한 미국 뉴욕의 시그램 빌딩

1958년에 완공된 이 빌딩은 한국의 김중업이 설계한 삼일빌딩(1970)의 모델이 되었다.

다. 따라서 그들이 필요로 하는 건물은 건물의 외벽 장식처럼 불필요한 비용은 없애고 가능한 한 많은 직원이 일할 수 있도록 내부공간은 최대화된 공간이어야 했다. 이런 필요에 정확하게 부응한 것이 인터내셔널 스타일이다.

인터내셔널 스타일의 건축물이 하나같이 외관이 일정한 패턴을 유지하고 있고, 사용할 수 있는 대지를 꽉 채워 직육면체로 우뚝 솟은 것은 '건물의 핵심은 외벽이 아니라 볼륨, 즉 내부공간이다'라는, 지금은 당연하게 생각하는 원칙을 가장 선언적으로 제시하려 했기 때문이다.

새로운 시대에 맞는 새로운 건축양식

이에 반해 중세시대 성당의 오래된 평면도를 보면 건물은 외벽의 정교한 검은 선으로 존재하고 내부는 외부와 마찬가지로 텅 빈 공간에 불과하다. 건축의 목표는 '육중한 돌을 어떻게 아름답게 쌓느냐'는 문제를 푸는 거라고 생각한 과거에서 벗어나 '건축은 공간'이라는 이제는 상식처럼 보편화된 생각을 하게 된 것은 혁명적이라고 해도 지나치지 않지만, 이런 변화는 단순히 사고의 전환으로 가능했던 것이 아니다. 오히려 이런 전환은 물질적·기술적 변화의 결과라고 이해하는 것이 맞다. 돌을 깎아 쌓지 않고도 튼튼한 벽을 만들 수 있게 해준 철근콘크리트 기법이 도입된 것이 19세기 중반이고, 강철steel 프레임을 사용한 건물이 처음 들어선 것이 19세기 말이었다.

이런 기술적인 진보에도 불구하고 여전히 전통적 스타일로 지어지던 건축에 의문을 제기한 사람들은 네덜란드와 독일, 프랑스의 건축가들이었다. 특히 2019년 100주년을 기념하기도 했던 독일의 바우하우스 운동의 일원인 발터 그로피우스(1883~1969), 미스 반 데어 로에(1886~1969), 프랑스 현대건축의 대명사인 르 코르뷔지에(1887~1965) 같은 건축가들은 19세기에 등장한 새로운 기술과 20세기 사회가 필요로 하는 새로운 건물의 요구를 결합한 전혀 새로운 건축양식을 만들어냈고, 그 변화를 지켜본 뉴욕 현대미술관의 큐레이터들이 그 양식에 '인터내셔널 스타일'이라는 이름을 붙인 것이다.

그런데 왜 이름이 인터내셔널 스타일일까? 과거처럼 (유럽의) 한 지역에서 발전한 양식이 아니라 국제적으로 동일하게 나타났기 때문이다. 실제로 인터내셔널 스타일이 가장 많이 적용된 곳은 유럽이 아니라 미국의 대도시들이고, 한국에서도 한때 최고층 건물이었던 김중업의 삼일빌딩이 인터내셔널 스타일의 건축이다. 삼일빌딩은 1970년에 준공되었지만 1970년대가 되면 이미 서구에서는 인터내셔널 스타일의 인기가 사그라들던 시점이다.

이제는 순수한 인터내셔널 스타일 건물은 지어지지 않지만, 과

거에 지어진 건물들은 뉴욕과 시카고를 중심으로 여전히 아름다
움을 자랑할 뿐 아니라 그 스타일은 현대 빌딩건축에 잘 녹아들
어 여전히 생명력을 유지하고 있다. 지금은 뉴욕 현대미술관 앞
을 지나도 미술관 건물이 그다지 눈에 띄지 않는다. 역설적이지
만 1939년 이후 뉴욕의 빌딩들이 그만큼 현대화했기 때문이다.

뉴욕 현대미술관 웹사이트가 소개하는 인터내셔널
스타일.

오스만 백작의 파리와 카유보트

뇌과학자들의 연구에 따르면 길을 잘 찾는 사람들일수록 머릿속에 잘 발달된 인지지도cognitive map를 갖고 있다고 한다. 이런 사람들은 길을 잃어도 자신이 알고 있는 인지지도 속에서 자신의 위치를 짐작해 낸다. 하지만 뉴욕 맨해튼(과 샌프란시스코의 일부)은 길눈이 어두운 사람들에게도 쉽다. 도로를 동서와 남북으로 바둑판처럼 만들었기 때문이다.

1980년대 이후 본격적으로 개발된 서울 강남의 길거리는 아주 반듯하다. 특히 북쪽으로는 압구정, 남쪽으로는 개포동 사이, 서쪽으로는 교대, 강남역 동쪽으로 삼성역 사이의 정방형 구간은 큰 도로가 바둑판처럼 쭉쭉 뻗어 운전자들에게 편리하게 설계되었다. 그런 강남에서 자란 사람들은 강북으로 오면 길을 잃는다. 종로, 을지로, 세종로처럼 사대문 안 일부 지역을 제외하면 거의 모든 길이 네 방위와 상관없이 구불구불 이어지기 때문에 강북 지리에 익숙하지 않은 사람들은 내비게이션에 의존하지 않으면 자기 위치를 짐작하기 어렵다.

사실 전 세계의 발달한 대도시들이 대개 이런 식으로 길이 현대적인 형태로 곧고 바른 곳과 구불구불하게 멋대로 난 곳으로 나뉜다. 가령 미국 동부 대도시인 보스턴은 길이 구불구불하고 복잡하게 얽혀 있는 것으로 유명하다. 도심을 벗어나면 좀 더 반듯한 바둑판 형태 도로가 등장하는데, 이는 오래된 도심과 달리 자동차 교통이 발달하면서 계획된 구역이기 때문이다.

구불구불한 길과 쭉쭉 뻗은 길

뉴욕은 좀 특이한 경우다. 맨해튼은 자동차가 보급되기 이전인 1811년에 이미 지금의 격자형 도로계획이 만들어졌다. 흔히 동서로 이어지는 도로는 스트리트street, 남북으로 이어지는 도로는 애비뉴avenue라고 하는 개념이 가장 철저하게 지켜지는 지역이 맨해튼이다. 하지만 같은 뉴욕이라도 이스트강을 건너 퀸스로 가거나, 남쪽 스테이튼 아일랜드로 넘어가면 격자형이 깨지고 서울의 강북처럼 구불구불한 길이 나타난다(그래도 보스턴보다는 훨씬 양호하다).

본격적인 도시계획 혹은 구획은 서구에서도 19세기에 들어서야 보편화되었으므로 그보다 일찍 만들어진, 역사가 깊은 도시들은 시민들이 걸어 다니면서 자연스럽게 발생한 좁고 구불구불한 길이 많은 것이 특징이다. 대표적인 예가 런던이고, 런던의 좁고 복잡한 길을 이야기할 때 항상 비교 대상으로 등장하는 도시가 프랑스 파리다. 파리의 도시계획을 이야기할 때는 개선문을 둘러싼 방사형 도로가 많이 등장하지만, 굳이 개선문 주변을 들지 않더라도 파리는 넓고 쭉쭉 뻗은 대로가 많기로 유명하다. 비록 맨해튼이나 서울의 강남지역처럼 정방형은 아니어도 런던과는 비교도 안 되게 '현대적'이다. 이 두 도시는 언제부터 이렇게 달라졌을까?

파리가 좁고 답답한 전통적인 유럽 도시에서 대로를 갖춘 현대적 도시로 변모하기 시작한 것은 1853년부터였다. 당시 프랑스 제2제국 황제였던 나폴레옹 3세(나폴레옹 보나파르트의 조카)가 조르주외젠 오스만Georges-Eugene Haussmann, 1809~1891 남작에게 파리개조사업을 총지휘하도록 맡긴 것이다. 오스만 남작이 워낙 막강한 영향력을 가지고 이 사업을 주도했으므로 19세기 중반에 진행된 파리개조사업은 서구에서 흔히 '오스마니제이션Haussmannization(오스만화)'이라 불린다.

개조작업으로 탈바꿈한 파리

이 사업이 있기 전 파리는 말할 수 없이 좁고 더럽고 불편했다. 그리고 그런 도시 생활에 가장 큰 불만을 느꼈던 사람들은 당연히 도시의 중산층, 즉 '부르주아지bourgeoisie'였다. 최상류층이나 농부들은 좁고 더러운 도시의 길거리를 걸어 다닐 일이 별로 없었기 때문이다. 오스만 남작은 도시 중산층의 불만을 불도저 같은 추진력으로 해결해버렸다. 파리 시내 곳곳에서 건물을 부수어 좁은 길을 넓히고, 굽은 길을 폈다.

이 개조사업은 무엇보다 구역별로 분리되어 다른 문화권처럼 고립된 파리를 하나로 통일하는 작업이었다. 여기에는 프랑스에서 혁명이 일어날 때마다 구역이 거대한 진지로 변하여 저항기지 혹은 코뮌이 되는 것을 막으려는 정치적 의도도 있었다. 어쨌거나 오스만 남작의 무자비한 개조작업은 성공으로 끝났고, 파리는 완전히 다른 도시로 탈바꿈하게 된다.

하지만 이는 단순한 거주환경의 변화일 뿐 아니라 사람들이 도시에서 생활하며 다른 사람과 교류하는 방식을 바꾼 문화적인 변화이기도 했다. 문화학자들이 20세기에 전 세계에서 일반화된 '현대 도시문화'라는 것이 바로 이 시기에 파리에서 탄생했다고 할 만큼 혁명적인 일이었다. 그리고 그런 문화적 변화를 제일 먼저 감지했던 사람들이 파리와 파리 주변의 화가들, 특히 인상주의 화가들이었다.

귀스타브 카유보트(1848~1894)의 〈비 오는 날의 파리 거리〉는 그런 변화를 보여주는 대표적인 작품이다. 오스만의 개조작업으로 넓어진 파리 거리를 배경으로 잘 차려입은 중산층 시민들이 길을 걷는 모습이 보인다. 특히 맨 앞에 등장하는 커플은 둘이 함께 우산을 썼지만, 그들의 관심은 이 그림에는 보이지 않는 길 건너편에 있다. 화면 왼쪽 바깥에서 무슨 일이 일어나는지 우리는 볼 수 없지만, 이 두 사람은 맞은편에서 오는 남자가 우산을 비켜 들면서 피하는 것도 눈치채지 못하고 정신이 팔린 상태다.

이 커플의 행동은 현대적인 도시로 거듭난 파리에서 시민들 사이에 나타난 것으로, 샤를 보들레르(1821~1867)는 자신의 시에서 이런 사람들을 '플라뇌르$_{flaneur}$'라고 불렀다. 거리를 한가하게 걸어 다니며 여기저기를 기웃거리는 사람들이다. 오스만 남작의 개조사업 이전만 해도 파리의 길은 목적지로 가기 위해 불쾌감과 불편함을 참고 최대한 빠르게 이동하는 '통로' 개념이었다면, 오스만화 이후 파리 길거리는 그 자체가 사람들이 가려는 목적지이자 '머무는 곳'이 된 것이다.

비 오는 날의 파리 거리(1877, 귀스타브 카유보트)

오스만 남작의 파리개조사업으로 넓어진 거리를 걷는 중산층 시민들의 모습. 그들의
관심은 이 그림에 등장하지 않는 길 건너편에 있다.

중산층과 노동자가 같은 다리에

그리고 그렇게 새로 탄생한 거리는 하나의 '무대'가 되고, 거리를 걷는 시민들은 그 무대에서 보여지는 '배우'가 되었다. 세계 최초의 백화점이 탄생한 곳도 파리였기 때문에 사람들은 잘 차려입고 넓은 길을 걸어 백화점을 찾았다. 하지만 백화점은 반드시 물건을 사기 위해서라기보다 사람들에게 자기 패션을 과시하고, 다른 사람들은 어떻게 입는지 구경하러 가는 곳에 더 가까웠다. 사람들이 시내로 외출하기 위해 화장하고 차려입는 게 현대문화라면, 그 현대문화는 바로 오스만 백작의 파리에서 탄생한 셈이다.

카유보트의 또 다른 작품 〈유럽의 다리〉 역시 한가하게 넓어진 파리 거리를 걷는 중산층을 보여주지만, 여기서는 오스만 파리의 이면을 함께 보여준다. 화면 왼쪽에 등장하는 잘 차려입은 남성은 전형적인 플라뇌르로, 그는 앞을 보면서 걷지 않고 주변을 구경 중이다. 여성도 다르지 않아서 남들에게 보여줄 만큼 화려한 옷을 입고 거리를 구경하고 있다. 하지만 화면 오른쪽에 등장하는 사람들은 다르다. 남녀가 방금 지나친 녹색 상의를 입은 남성이나 다리 난간에 기대 생각에 빠진 남성은 경제적으로 낮은 계급에 속한다. 어쩌면 오스만 남작의 파리개조사업 또는 파리에 위치한 공장에서 일하던 사람들일지 모른다. 파리는 중산층을 위해 개조되었지만, 그 힘든 작업은 노동자들이 맡았고, 노동자들에

유럽의 다리(1876, 귀스타브 카유보트)

이 그림에는 한가하게 거리를 걸으며 주위를 둘러보는 중산층의 '플라뇌르'와 중산층을 위한 도시를 떠받치는 노동자가 함께 등장한다.

의해 지탱되는 전형적인 현대의 대도시였다.

하지만 그런 두 계층의 사람들을 옷차림으로 구별하는 시절이 끝나간 것도 그즈음이었다. 화가 오귀스트 르누아르(1841~1919)는 당시 파리 사람들의 패션을 두고 이렇게 불평했다고 한다. "누구나 이미 만들어진 기성복을 똑같이 차려입고 다니니 마네킹처럼 보인다. 돈을 조금만 줘도 괜찮아 보이는 옷을 사니 노동자들도 싼값에 그럴듯한 옷을 사서 신사처럼 차리고 다닌다." 압구정동은 '국화빵 기계'라고 했던 유하의 시 〈바람부는 날은 압구정동에 가야 한다〉가 생각나게 하는 말이다.

오스만 남작의 파리개조사업의 전과 후를 보여주는 사진을 모아둔 웹사이트.

사무실의 탄생

사무실을 뜻하는 영어 단어인 office는 '일하는 방'이라는 공간적 의미 외에 '직책, 부처'라는 추상적 의미가 있다. 따라서 Presidential Office는 대통령의 물리적 집무실이라기보다는 대통령이라는 직책 혹은 부처를 의미한다. 환유법換喩法처럼 보이지만 그렇지 않다. 이 단어의 어원인 라틴어 officium이 '업무'를 의미했고, 일하는 방이라는 의미는 후에 붙은 것이다.

2020년 코로나바이러스가 전 세계를 휩쓸기 시작하면서 많은 기업과 조직이 '사회적 거리두기'를 실행하면서도 일을 계속하는 방법으로 직원들에게 재택근무를 하게 했다. 실시간으로 의사소통이 가능한 전화와 텍스트 메시지는 물론, 화상통화를 이용한

회의 그리고 다양한 협업을 가능하게 도와주는 디지털 협업 도구들이 개발되어 있는 세상이니 직원들이 모두 흩어져 일하는데도 많은 조직이 큰 문제 없이 돌아간다. 그러다 보니 오히려 이런 질문이 나온다. 우리는 정말로 사무실에 나와서 일해야 하는 걸까? 사람들은 왜, 언제부터 사무실에 모여서 함께 일했을까?

그 까닭을 알려면 '일'의 정의부터 분명히 해야 한다. 먼저 사무실에서 하는 일은 몸을 쓰기보다는 머리를 쓰는 지적 노동일 가능성이 높다. 그런데 사람들이 모여서 함께 일하는 '회사company(함께 모인 사람들)'라는 것 자체가 유럽에는 중세 이후에 처음 등장한 개념이기 때문에 단순히 실내에서 지적인 노동을 하는 공간을 '사무실'이라 부른다면 그 기원은 좀 더 위로 거슬러 올라갈 수 있다. 영어에서 '스터디study'라는 말은 공부하는 행위를 가리키기도 하지만, 그 행위를 하도록 별도로 마련한 공간, 즉 공부방을 가리키는 말이기도 하다. 이 '스터디'를 우리말로는 흔히 서재書齋, 즉 책이 있는 방으로 번역하지만 결국 모두 '(대개는 앉아서) 지적 작업을 하는 별도 공간'이라는 공통점이 있다.

지적 작업으로 필요해진 사무실

그렇게 봤을 때 현재 남아 있는 기록으로 가장 오래된 모습

서재에 있는 성 아우구스티누스(1494, 산드로 보티첼리)

이탈리아 초기 르네상스를 대표하는 화가가 그린 작품으로 초기 기독교
신학자 성 아우구스티누스를 아주 좁은 공간에서 글을 쓰는 모습으로 그
렸다.

이 이탈리아 초기 르네상스를 대표하는 화가 산드로 보티첼리 (1445~1510)의 〈서재에 있는 성 아우구스티누스〉이다. 아우구스티누스는 기독교 초기인 3, 4세기에 아프리카 북부에서 태어나 글을 쓰며 산 로마 사람이다. 보티첼리 그림에 등장하는 아우구스티누스는 원통형 궁륭이 있는 건물의 아주 작은 구석에 책상과 의자를 놓고 글을 쓰고 있다. 방이라기보다는 벽감에 가까운 이 공간은 필요할 경우 앞에 있는 커튼을 칠 수도, 어두우면 열어서 빛을 끌어들일 수도 있다.

방이라고 하기도 어려운 이런 공간을 글쓰기와 같은 지적 작업을 하는 용도로 사용하는 것은 현대를 사는 우리도 충분히 상상할 수 있다. 한 명밖에 들어갈 수 없는 곳에서 외부와 차단되어 생각에 집중할 수 있기 때문이다. 이는 지적 작업이 천재와 같은 저자 한 사람의 머리에서 나온다고 믿었던 전통적 지식관에 바탕을 두기도 했다. 이 사람의 저작 활동은 (성경의 저자들이 그랬다고 믿었던 것처럼) 신과 직접 소통해서 그 결과물을 옮기는 행위이므로 가급적 아무런 사람도, 물건도 그의 감각을 방해하지 않는 것이 중요했다.

하지만 중세를 지나 근대로 들어오면서 새로운 일, 혹은 새로운 지적 작업이 추가된다. 여러 사람이 함께 모여서 지적 작업을 해야 하게 된 것이다. 게다가 과거에는 아우구스티누스의 서재처럼 작은 공간에 혼자 머무르면 되었으니 사람들은 자기 집 안에 자그마한 서재 공간을 마련해두고 일하면 되었지만, 여러 사람이 모여야 하는 상황이 되자 특정인의 집에 가서 일하기보다는 별도 대형 건물을 만들어 (근대적 의미의) '사무실'을 만들게 된 것이다.

아메리칸 스타일 건축

이런 현상이 유럽에 처음 등장한 것은 18세기이지만 곧바로 널리 확산된 것은 아니다. 가령 세계 대통령 관저의 모델이 된 워싱턴D.C.의 백악관이나 영국 수상 관저인 런던 다우닝가 10번지를 보면 모두 주거지와 사무실을 겸하고 있다. 보안 등 여러 가지 이점이 있는 것이 사실이지만 그 기원은 농장주, 영주, 귀족들이 자신의 넓은 저택에서 일부를 일터로 사용하던 습관에 있다.

그러나 18세기, 영국이 강대국 프랑스, 스페인과 해양 지배권을 두고 싸우는 과정에서 해군력의 규모가 커지자 이를 행정적으로 뒷받침할 독립된 사무실이 필요했다. 그렇게 해서 탄생한 것이 런던에 위치한 해군본부, 올드 애드미럴티Old Admiralty 건물이고 이를 곧바로 본받은 것이 동인도회사였다. 한때 자체 보유 병력만 영국 육군의 2배가 넘을 만큼 대규모 조직이었던 동인도회사는 오늘날의 글로벌기업과 비슷한 형태로 운영되었으므로 많은 사무직원을 수용할 장소가 필요했다. 런던의 해군본부 건물은 지

미국 위스콘신주에 있는 존슨왁스 본사 건물 내 대형 사무실(1939)

미국 건축계의 거장 프랭크 로이드 라이트가 설계한 사무실로, 개방된 형태를 가진 현대 사무실의 시초가 되었다.

금도 사용되지만 동인도회사 건물은 1800년대에 해체되었다. 그런데 후자의 경우 마치 의사당을 연상시키는 거대한 건물이었고, 이후 나타날 대기업들의 근무지 형태를 결정하는 모범이 되었다.

물론 18세기 당시 사무실이 현대와 비슷하다고 해도 밝고 환하게 트인 쾌적한 공간에서 여러 사람이 책상 사이를 오가며 능률적으로 일할 환경이었다고 보기는 어렵다. 그 일을 해낸 것은 미국을 대표하는 건축가 프랭크 로이드 라이트(1867~1959)라고 알려져 있다. 미국인이 지금도 가장 사랑하는 '가장 미국적인' 건축가로 라이트를 꼽는 이유는 그가 유럽에서 건너온 양식을 따르는 바람에 복도를 따라 작은 방들이 이어져 있던 미국의 주택을 넓게 트인 공간으로 바꿔놓으면서 진정한 아메리칸 스타일을 만들어냈기 때문이다.

20세기 상업과 모더니즘의 전당

라이트가 일반주택을 개방형으로 바꾸는 작업을 사무실에 도입한 것이 미국 위스콘신주 라신에 위치한 존슨왁스(현 SC 존슨) 본사 건물이다. 당시 존슨왁스사를 이끌던 H. F. 존슨은 "누구나 일반적인 건물은 지을 수 있다. 나는 세계에서 가장 좋은 사무실 건물을 만들고 싶고, 그렇게 하려면 세계 최고 건축가를 모셔와야 한다"라고 선언하고 라이트에게 설계를 맡겼다. 그리고 라이트는 건축사에 길이 남을 작품을 탄생시켰다.

천장이 높은 거대한 사무실 중간중간에는 둥근 기둥이 위로 치솟아 있고, 천장은 연꽃 모양이며, 그 사이 빈 공간은 유리튜브로 채워 외부의 빛을 실내 전체에 뿌려준다. 이런 장치 때문에 많은 라이트의 건물이 그렇듯, 이 건물도 실제 크기보다 훨씬 넓고 넉

넉하게 보이는 효과를 만들어낸다. 게다가 완벽주의자에 가까웠던 라이트의 성격상 이런 멋진 공간에 평범하고 둔탁한 가구가 들어오는 것을 허용할 수 없어서 가구까지 세트로 함께 디자인했다.

이렇게 활짝 '열어젖힌' 개방형 사무실 공간이 모든 작업에 적합한 것은 아닐 수 있다. 사람들에 따라서는 온갖 소음이 들리고 프라이버시가 보장되지 않는 것을 싫어할 수도 있기 때문이다. 하지만 20세기에 성장한 대기업 주도의 자본주의는 혼자서 일하는 직원보다 끊임없이 다른 사람들과 아이디어를 주고받고 활발하게 정보가 흐르는 공간을 선호했고, 존슨왁스 빌딩은 바로 그러한 사람들의 자유로운 이동과 정보의 흐름을 돕도록 설계되었다. 존슨왁스 빌딩의 사무실이 '20세기 상업과 모더니즘의 전당'이라는 별명이 붙은 이유도 그 때문이고, 지금도 많은 사무실 건물이 같은 아이디어를 염두에 두고 만들어진다.

하지만 이렇게 많은 사람이 넓은 공간에 함께 모여 일하는 방식, 그런 사무실 형태가 코로나바이러스의 위험이 사라진 후에도 여전히 유효할까? 그건 지켜봐야 할 것 같다.

PART 5

———

내 면 이 풍 경 이 될 때

전통적인 주제와 엄격한 형식을 따라 제작되던 과거의 예술 작품을 보면 만든 사람의 감정이 이입될 여지가 없어보이는 게 사실이다. 하지만 똑같은 주제와 양식을 가진 작품들도 작가에 따라 조금씩 다르다. 흔히 '독일의 피에타'로 불리는 베스퍼빌트Vesperbild 조각들을 보면 조각가의 감정이입 없이는 절대 만들 수 없을 만큼 처절한, 그러나 작품마다 서로 조금씩 다른 모습의 슬픔이 보인다.

이렇게 전통적인 작품의 틈에서 조심스럽게 드러나던 예술가의 내면이 현대 미술에 들어오면 작품의 한 가운데에 놓이게 된다. 같은 주제를 더 잘 표현하기만 하면 되었던 과거와 달리 현대 미술에서는 예술가가 주제도 직접 선택하게 되었는데, 그들에게 가장 익숙한 주제는 아마도 자신의 내면 세계였을 것이기 때문이다.

비극을 기념하는 방법

대학원 수업 중에 마야 린이 설계한 베트남전 기념관의 형태를 두고 담당 교수와 이견이 생긴 적이 있다. 나는 이것이 동아시아의 무덤과 비석의 형태를 띠는 것 같다고 얘기했고, 교수는 지나친 해석이라고 했다. 그런데 몇 달 후 마야 린이 우리 학교를 방문해서 특별 강연을 하면서 이것이 아시아 묘의 형태에서 영감을 얻었다고 말했고, 나중에 그 교수는 내가 맞았음을 시인하며 함께 웃었다.

해마다 9월이 되면 미국인은 2001년에 '9·11 테러'로 숨진 희생자들을 기념한다. 특히 빌딩이 붕괴되어 가장 많은 희생자를 낸 세계무역센터가 위치한 뉴욕시는 9·11 기념일 행사의 중심이다. 테러 공격의 중심이 된 쌍둥이 빌딩이 있던 자리는 '그라운드 제

워싱턴D.C.에 위치한 베트남전 참전용사 기념관

중국계 건축가 마야 린의 설계로, 그의 설계가 선정됨과 동시에 큰 논란을 불러일으켰다.

로ground zero'라 불리며 기념일 행사가 열리는 장소가 되었다.

　테러가 일어난 후 몇 달에 걸친 희생자 발굴작업이 끝나고 빌딩의 잔해가 말끔히 치워진 다음 뉴욕시와 시민들의 고민이 시작되었다. 수천 명이 목숨을 잃은 이 장소를 어떻게 하느냐를 두고 다양한 의견이 나온 것이다. 쌍둥이 빌딩이 무너진 자리에서 꺼낸 철재는 제철소로 옮겨 미 해군의 최신 함정인 뉴욕함USS New York으로 환생해 미국의 대테러전쟁에 투입되는 상징적 역할을 수행하게 되었는데, 그렇다면 빌딩이 서 있던 곳은 어떻게 바꿔야 의미 있는 장소가 될 수 있을까?

쌍둥이 빌딩 자리의 기념관

그 자리에 다시 쌍둥이 빌딩을 복원해서 절대 굴하지 않는 미국의 정신을 보여주자는 의견도 있었고, 그 자리를 그대로 비워두어 사랑하는 가족과 친구를 잃은 뉴욕 사람들이 슬픔을 달랠 수 있게 하자는 의견도 있었다. 다원화된 미국 사회에서도 가장 다양한 인종과 문화, 생각이 충돌하는 뉴욕시인 만큼 논의 과정도 길고 복잡했지만, 결국 새로 짓는 무역센터는 그라운드 제로 옆에 세우기로 하고, 쌍둥이 빌딩이 있던 자리에는 기념관을 만들기로 했다.

기념관 설계는 유명한 건축가에게 맡기지 않고 공개 경쟁을 거쳐 선발하기로 했다. 자격조건도 없었고 누구나 응모할 수 있었으므로 전 세계에서 건축가, 아티스트, 학생 등 다양한 사람이 아이디어를 제출했다. 기념관 건립위원회는 심사위원을 13명 위촉해서 총 5,201개 기념관 설계안을 심사하도록 했다. 그렇게 해서 최종 선정된 안은 런던에서 태어나 뉴욕에 정착한 이스라엘 건축가 마이클 아라드의 설계였다.

그런데 이 기념관 디자인이 자못 충격적이다. 쌍둥이 빌딩이

서 있던 정사각형 부지 두 곳을 파서 연못으로 만들고 지면 높이에서 연못으로 끊임없이 물이 떨어지게 했으며, 연못 중앙에는 다시 정사각형의 큰 구멍이 있어서 연못의 물이 폭포처럼 떨어지게 만든 것이다. 그런데 이 모든 것이 짙은 회색이나 검은색이어서 바라보고 있으면 마치 심연의 어둠 속으로 빨려 들어가는 것 같은 느낌을 받는다. 게다가 그 정사각형 연못을 빙 둘러싸고 있는 청동판에는 테러로 목숨을 잃은 희생자들 이름이 새겨져 있다. 한마디로 무덤을 연상시키는 디자인인 것이다.

이렇게 죽음을 떠올리게 하는 우울하고 어두운 기념관 디자인이 선정된 것을 두고 반발하는 사람들도 많았다. 하지만 결국 큰 문제 없이 지어질 수 있었던 배경에는 미국 현대사에서 기념관과 기념비의 디자인을 생각하는 미국인의 사고방식을 완전히 바꿔놓은 한 사람이 있다. 그 사람은 앞서 말한 심사위원 13명 중 하나였던 중국계 건축가 마야 린이다.

단조로운 검은 벽 앞에서 터진 슬픔

기념관에 대한 혁명적 전환이 일어난 것은 베트남전쟁의 종식을 알린 '사이공의 함락' 이후 몇 년이 지난 1980년대 초였다. 베트남전은 많은 미국인이 수치스럽게 생각하는 전쟁이었다. 미국은 아시아에 공산주의 세력이 확산되는 것을 막겠다는 생각으로 남베트남을 지원했다가 참전으로 이어졌고, 그 과정에서 무고한 양민들이 학살되는 일이 벌어졌다. 전쟁은 지지부진하고 양쪽에서 전사자만 늘어가자 이기지 못할 전쟁이니 중단하라는 여론이 일었고, 정부는 철수를 결정했다.

그렇게 고국으로 돌아온 참전용사들은 전쟁에서 승리한 후 개선 퍼레이드를 했던 제2차 세계대전 참전용사와 달리 명분도 없는 전쟁에서 사람들을 죽이고 돌아온 범죄자처럼 바라보는 사람들의 따가운 시선을 견뎌야 했다. 하지만 몇 년의 시간이 흐르고 베트남전을 그린 영화 〈디어헌터〉가 성공하면서 베트남전을 다시 생각하는 움직임이 생겨났고, 참전용사들을 중심으로 워싱턴D.C.에 베트남전을 기념하는 기념비를 건립하자는 운동이 일어났다.

그런데 많은 사람이 돈을 기부해 잘 진행되던 기념비 건립 사업이 심사위원회에서 선정한 기념관 디자인이 발표되면서 문제가 생겼다. 그때까지 사람들은 기념관, 기념비라고 하면 하늘로 우뚝 솟은 흰색의 거대한 대리석 타워나 조각을 생각했는데, 선정된 디자인은 하늘로 솟기는커녕 땅을 파내고 들어가는 듯 보였던 것이다. 또 흰색이 아닌 짙은 검은 돌로 이루어졌을 뿐 아니라, 아무런 설명이나 사실주의적인 묘사 없이 V자 형태로 된 벽에 베트남전에서 목숨을 잃은 병사들의 이름이 (알파벳 순서도 아닌) 목숨을 잃은 날짜순으로 가득 새겨지게 된다는 것이었다.

뉴욕 맨해튼 쌍둥이 빌딩 자리에 건립된 9·11기념관
테러 발생 10주년인 2011년 일반에 공개되었다.

　이 디자인을 본 미국인들은 분노했다. 베트남전에서 죽은 군인들을 수치와 불명예를 연상시키는 검은색 기념비로 만들어 지하로 숨겨버리려는 디자인이라고 비판했고, V자 모양도 반전주의자들이 하던 평화의 손가락 사인이라며 불쾌하게 생각했다. 게다가 하필 당시는 미국 사회가 오랜 진보 정치를 끝내고 로널드 레이건을 대통령으로 선출하면서 보수화하던 시기였다.
　상황을 더욱 악화시킨 건 그 설계안을 만든 사람의 정체였다. 설계안 선정은 공정성을 기하려고 설계자 이름이나 소속 등을 완전히 숨긴 채 디자인만 블라인드 심사를 했기 때문에 심사위원은 설계자가 누구인지 전혀 몰랐다. 그런데 확인해보니 예일대학교에 다니는 스물한 살의 중국계 학생이었다. 무명의 학생이었던 마야 린은 그렇게 전국적인 논란의 중심에 서게 되었다.

슬픔을 마주하며 받는 위로

당시 많은 미국인은 아시아인들은 다 같은 사람이라고 생각했고, 베트남인과 중국인의 차이를 모르는 경우도 흔했다. 따라서 많은 사람이 "미국 수도에 세우는 베트남전 기념비를 베트남 여자에게 맡기느냐"며 흥분했고, 기부금을 약속했던 부자들도 여론이 악화되면서 항의 표시로 기부 약속을 취소했다.

문제가 커지면서 세금으로 건립을 지원하기로 했던 미국 의회까지 나서며 그런 모습의 기념관이 과연 적절하냐는 논의가 계속되었다. 하지만 건립위원회는 결국 마야 린의 디자인을 거의 수정 없이 그대로 통과시켰고, 참전용사들과 많은 미국인의 반대를 무릅쓰고 건립을 강행했다.

하지만 기념관 개장과 함께 대반전이 일어났다. 워낙 전국적 논란을 불러일으키다 보니 엄청나게 홍보되었고, 헌정과 함께 일반에 공개되자 전국에서 인파가 몰려들었다. 그렇게 기념관에 갔던 사람들은 아무 말도 하지 못했다. 사람들은 검은색 벽에 새겨진 남편과 아들, 아버지와 전우의 이름을 보면서 하염없이 울었다. 그동안 쉬쉬하며 숨기고 참았던 슬픔이 놀랍도록 단조롭게 생긴 검은 벽 앞에서 터져 나온 것이다.

방문객은 연일 줄을 이었는데, 낮에는 물론 밤이나 새벽에도 혼자 찾아와서 사랑하는 사람의 이름을 만지며 울다가 가는 사람이 많았고, 검은 거울 같은 표면 반대편에서 죽은 전우가 걸어 나오는 걸 똑똑히 봤다는 이야기가 쏟아졌다. 또한 너무나 많은 사람이 기념비 앞에 간직했던 물건과 편지를 남기고 가는 바람에 관리사무소는 그것들을 모아 보관하는 장소를 따로 만들어야 했다. 과거의 어떤 전쟁기념관에서도 볼 수 없었던 일이다.

1982년 스물한 살 대학생의 작품은 그렇게 기념관에 대한 미국인의 생각을 바꿨다. 전쟁은 승리로 기념하는 것이 아니며, 슬픔을 숨기는 것은 비극을 기념하는 방법이 아님을 깨닫게 된 것이다. 뉴욕의 9·11기념관은 베트남전 기념관이 바꾼 생각의 연장선에 있다.

베트남전 기념관 개관일에 몰려든 인파.

조커의 가면, 우리의 가면

조커는 '배트맨 시리즈'에서는 악당으로 등장하지만 2019년에 나온 영화 〈조커〉에서는 영화의 주인공이다. 물론 주인공이라고 해서 영웅 hero이 되는 건 아니지만, 그렇다고 악당 villain이라고 할 수는 없다. 영화 속 악당은 영웅의 반대편에 존재하는 어두움, 혹은 그림자 같은 존재인데, 이 영화에는 그런 영웅이 없기 때문이다. 할리우드에서는 이런 존재를 반영웅 anti-hero이라 부른다. '캐리비안의 해적'에 나오는 선장 잭 스패로 같은 인물이 전형적인 반영웅이다.

토드 필립스 감독의 영화 〈조커 Joker〉는 배트맨에 등장하는 악당을 주인공으로 만들어 큰 화제를 모은 독특한 작품이다. 특히 미국의 대형 영화관 체인에서 관객들에게 영화 주인공 조커 코스튬을 입고 오는 것은 상관없지만 영화에 등장하는 어릿광대 clown 가면을 쓰면 입장이 불가능하다고 발표할 만큼 미국 사회는 이 영화의 개봉에 긴장했다.

그 이유는 두 가지였다. 하나는 이 영화가 미국뿐 아니라 전 세계에서 심화되는 부의 편중 현상을 직접적·폭력적 방식으로 다루어 모방범죄 가능성이 있다는 것이었고, 다른 하나는 2012년에 있었던 총기난사 사건이다. 당시 배트맨 시리즈인 〈다크나이트〉를 상영하던 콜로라도주의 한 극장에서 총기난사 사건이 있었는데, 같은 배트맨 시리즈에 해당하면서도 반영웅인 주인공이 강조되는 〈조커〉에서 모방범죄가 일어날 수 있다는 우려 때문이었다.

웃는 얼굴을 한 악당

다행히 이 영화와 관련한 범죄는 일어나지 않았지만, 〈조커〉에 대한 평가는 엇갈렸다. 뛰어난 작품이라는 평가가 있는가 하면, 지나치게 암울하고 조커 개인의 심리상태만 파고드는 영화라는 불만도 있었다. 하지만 영화의 흥행과 상관없이 〈조커〉는 어릿광대 분장으로 항상 웃는 얼굴을 한 악당에 대한 새로운 해석을 내놓았다는 점에서 상당히 흥미로운 영화다.

지구를 정복하거나 세계를 지배하려는 다른 슈퍼 히어로 영화 속 악당들과 달리 배트맨에 등장하는 악당들은 다양한 사회문제를 대표하는 특징이 있다. 그중에서도 조커는 그가 저지르는 잔인한 범죄·폭력과 그가 항상 짓고 있는 표정, 즉 웃음이 대비되는 시각적 충격을 준다. 행복한 얼굴을 하고 분노에 찬 폭력을 행사하는 바람에 관객들에게는 분노한 얼굴의 악당보다 더 소름 끼치는 사이코패스로 보이는 것이다. '행복한 얼굴', 즉 웃음의 대척점에 있는 분노와 폭력을 한 사람이 모두 보여주는 특이한 설정이다.

그런데 호아킨 피닉스가 연기한 이번 조커는 '행복한 얼굴' 반대편에는 분노만 있는 것이 아니라는 새로운 해석을 내놓았다. 바로 슬픔이다. 이 영화에서 전반부는 이 인물이 얼마나 비참하고 슬픈 삶을 살아왔는지를 보여주면서 주인공이 끊임없이 웃는 얼굴 분장을 하는 장면을 보여준다. 즉 이제까지 배트맨 시리즈 속 조커가 웃음과 분노의 대비효과를 노렸다면, 이번 영화에서는 웃음과 분노 외에 웃음과 슬픔의 대비효과를 보여준다. 예전과 같은 잔인하기만 한 캐릭터를 기대하고 간 관객들 가운데는 기대와 달리 슬픈 영화를 보게 되어 불만이었을 수 있지만, 영화는 이 두 가지 대비를 아주 적절하고 효과적으로 표현했다.

피카소가 보여주려 한 모습

자기감정과 상관없이 계속 웃는 얼굴로 있어야 하는 상황으로 슬픔을 오히려 극대화하는 것은 조커라는 악당에 대한 새로운 해석이지만, 그런 대비가 이번 영화에서 처음 시도된 것은 아니다. 100년도 훨씬 전인 1905년에 파블로 피카소(1881~1973)가 그걸 했다.

현대화가의 대명사처럼 여겨지는 피카소는 입체파 화가로 유명하지만 그가 젊은 시절에 그린 그림들은 사실적이고, 정서적으로 아주 깊은 감정을 담고 있다. 흔히 '청색시대'로 알려진 그의 20대 초기 그림들이 가난과 질병, 죽음을 묘사한 것으로 유명하지만, 청색시대가 끝난 직후 이어진 '장미시대' 역시 가난과 외로움, 절망 등을 묘사한 뛰어난 작품들이 많다. 피카소의 장미시대는 그 이름이 보여주듯 붉은색과 오렌지색, 핑크색 그리고 다양한 붉은 톤의 흙색이 주를 이룬다. 그리고 이때 피카소가 즐겨 사용하던 소재가 바로 어릿광대와 할리퀸, 즉 서커스 곡예사 같은 엔터테이너들이다.

대표적인 것이 그의 1905년 작품 〈곡예사 가족〉이다. 당시 서커스에서 일하던 단원들이 그랬듯 이들은 위험한 육체노동을 하면서 돈을 버는 사회의 하층계급 사람들이었다. 그런 그들이 다른 노동자 계급 사람들과 다른 게 있었다면, 손님들에게 웃음을 선사해야 하는 일종의 감정 노동자들이었다는 것이다. 그들이 입는 울긋불긋한 옷은 사람들에게 축제 분위기를 느끼게 해주고, 시각적 즐거움을 주도록 디자인되었지만, 이 그림 속 가족들은

곡예사 가족(1905)

파블로 피카소가 20대 중반 '장미시대'에 그린 그림으로
남들에게 즐거움을 선사하며 돈을 버는 엔터테이너들의
애환에 자신의 처지를 담은 작품이다.

관객들 앞에 있지 않다.

배경이 거의 생략되어 자세히 알 수는 없지만 등장인물들이 들고 있는 짐을 보면 어디론가 이동 중인 것으로 보인다. 마을 축제나 공연할 장소를 찾아 이곳저곳 떠돌아다니는 이들은 공연 중에는 박수를 받는 행복한 모습이지만 관객이 없을 때는 그저 먹고살아야 하는 평범한 경제적 하층민일 뿐이다.

그런데 그들의 지친 얼굴, 어두운 표정은 그들이 입고 있는 화려한 옷과 대비되어 강조된다. 사람들 앞에서 공연할 때는 즐겁고 화려해 보였던 옷이 역설적으로 그들의 고단한 삶을 더욱 드러내는 장치가 된 것이다.

피카소는 이들을 소재로 삼아 무엇을 보여주고 싶었을까? 바로자기 자신이었다. 그의 청색시대는 친구의 자살로 시작되어 그림에서 가난하고 외로운 사람을 많이 보여주었다면, 장미시대에 등장하는 어릿광대, 곡예사와 같은 엔터테이너들은 궁극적으로 자신의 처지를 묘사한 것이다. 특히 그림 가장 왼쪽에 등장하는 다이아몬드 무늬 옷을 입은 할리퀸은 피카소 자신으로 알려져 있다. 그는 부유한 사람들의 즐거움을 위해 봉사하면서도 가난한 계급에 속한 곡예사들에게서 화가인 자신의 모습을 발견한 것이다.

　미국의 심리학자 새뮤얼 재너스가 코미디언들의 심리상태를 연구한 결과는 한 번쯤 들어봤을 만큼 꽤 잘 알려져 있다. 그가 유명하고 성공한 코미디언 69명을 대상으로 지능·심리검사를 해본 결과, 많은 코미디언이 지능이 높았지만, 동시에 분노와 불안, 우울증세를 보였고, 특히 어린 시절을 어렵고 고독하게 보낸 이들이 많았다. 그뿐 아니라 코미디언들은 평균적으로 가난한 집에서 자랐고, 어릴 때 엄한 어머니 밑에서 성장한 경우가 많았다. 재너스는 이들의 유머 감각은 어려운 환경을 정신적으로 극복하는 방어기제로 발전했을 가능성이 높다고 결론을 내렸다.

　토드 필립스의 영화 속 조커도 이 프로파일에 정확하게 들어맞는다. 영화 초반에는 어머니와 아주 친한 것처럼 보이지만 중반을 넘어가면서 그가 발견하는 자신의 어린 시절과 어머니 모습은 자신이 생각한 것과 전혀 다른 모습이었다. 그런 그가 사람들에게 웃음을 선사하는 일을 하고 집으로 돌아와 비참한 현실을 맞이하는 장면은 벨기에 화가 제임스 엔소르(1860~1949)가 그린 〈소문난 가면〉을 떠올리게 한다. '가면의 화가'라는 별명이 붙은 엔소르는 이 그림에서 벨기에 지역의 축제 때 사람들이 쓰는 가면을 축제 공간에서 분리해 일상 공간에 삽입하며 낯선 장면을 만들어낸다.

소문난 가면(1883, 제임스 엔소르)

엔소르는 벨기에 지역의 축제 때 사람들이 쓰고 놀던 가면을 축제가 아닌 공간에 삽
입함으로써 낯선 풍경을 만들고 인간관계를 생각하게 만든다.

그림에서 부부로 보이는 이 두 사람은 왜 집에서 축제용 가면을 쓰고 있을까? 마음속의 어떤 슬픔 혹은 분노를 드러내고 싶지 않은 걸까? 보기에 섬뜩한 그림이지만, 여기에서 느껴지는 감정은 무서움이나 두려움이라기보다는 함께 사는 상대방의 감정을 읽을 수 없는 소외에서 비롯된 슬픔에 가깝다. 어쩌면 그것이 가면의 효용인 동시에 가면이 가져다주는 비극일지 모른다.

예술가들을 매료시킨 전염병

최근 드라마 시리즈로도 만들어져 큰 인기를 모은 이민진의 소설 『파
친코』에는 다른 사람의 아이를 임신한 주인공을 아내로 맞이하는 백
이삭이라는 캐릭터가 등장한다. 백이삭은 등장과 함께 주인공 앞에
서 쓰러지는데 사람들은 그를 '폐병쟁이'라고 부르며 경계한다. 그가
가졌던 병은 당시 모두가 두려워하던 결핵이었다.

19세기 유럽 미술을 보면 놀라울 정도로 어둡고 침울한 것이 많
다. 가령 에드바르 뭉크(1863~1944)는 〈절규〉라는 작품으로 가
장 잘 알려져 있지만 그의 작품에 가장 많이 등장하는 주제는 질
병과 죽음이다. 대표적인 것이 그의 1886년 작품 〈아픈 아이〉다.
10대로 보이는 얼굴이 핼쑥한 소녀가 기운 없이 침대에 기대어

아픈 아이(1886)

뭉크가 여러 해 전 결핵으로 세상을 떠난 누나와 병간호를 하던 어머니 모습을 그린 작품. 어린 시절 목격한 누나의 죽음은 훗날 그의 작품에서 중요한 모티프가 된다.

누워 있고, 아이 엄마로 보이는 여성이 침대맡에 앉아서 고개를 떨구고 있다. 아이의 엄마는 간호에 지쳐 깜빡 졸고 있거나, 아니면 죽어가는 아이의 상태에 절망해서 울고 있는 듯하다. 그림 속 10대 아이는 결핵으로 세상을 떠난 뭉크의 누나 소피다.

뭉크가 한 살 위 누나가 세상을 떠나는 것을 목격한 것은 감수성이 한창 예민했을 열네 살 때였다. 이후 질병과 죽음 그리고 남은 가족의 슬픔은 뭉크의 작품에서 중요한 모티프가 되었고, 많은 작품에 〈아픈 아이〉와 비슷한 장면이 등장한다. 비록 뭉크가 다른 예술가들보다 좀 더 죽음이라는 주제에 집착한 것은 사실이지만 (뭉크 본인은 80세까지 살았다) 그만 그랬던 건 아니다. 당시 예술가들은 죽음을 주제로 삼는 경우가 흔했다. 그리고 많은 경우 그 죽음은 한 가지 질병에서 비롯했는데, 바로 결핵이다.

예술의 소재가 된 결핵

결핵은 수천 년 동안 인류를 괴롭혀온 질병이다. 인류학자들은 5,000년 전 유골에서도 결핵의 흔적을 찾아냈고, 의학의 아버지라고 불리는 고대 그리스의 히포크라테스는 결핵에 대해 자세하게 설명하면서 젊은 의사들은 증세가 악화된 결핵환자들을 맡지 말라고 충고했다. 어차피 치료가 불가능한 환자인데 세상을 떠나면 젊은 의사의 평판이 나빠진다는 이유에서였다.

그런 결핵이 19세기에 유럽을 그리고 20세기에 들어와 아시아와 아프리카를 휩쓸게 된 것은 도시화와 관련이 있다고 알려져 있다. 뒤늦게 밝혀지긴 했지만 박테리아로 전염되는 질병인

데, 급격한 도시화가 진행된 지역에서 확산된 것이다. 도시에서 몰려 살게 된 사람들은 이 새로운 전염병에 대한 충분한 지식도, 위생에 관심도 없었던 시절이었기 때문이다. 믿어지지 않겠지만, 19세기까지만 해도 의사가 시신을 만지고 손도 씻지 않은 채 임신부의 출산을 돕는 일도 흔했다. 환자를 돌볼 때는 손을 씻자는 주장이 처음 나온 때가 1847년이다. 지금 생각하면 지극히 당연한 이 주장을 했던 오스트리아의 의사 이그나츠 젬멜바이스는 당시 의학계에서 배척당했을 만큼 모두 무지했던 시절이었다.

결핵이 세균에 의해 전염되는 줄 알지 못했던 당시 사람들은 결핵이 유독 도시에서 많이 퍼지는 것을 보고 서구에서 오래된 잘못된 지식이었던 '나쁜 공기miasma' 전염을 의심했고, 따라서 결핵환자들을 치료하려면 도시에서 멀리 떨어진 시골이나 바닷가에서 휴식을 취해야 한다고 생각했다. 그렇게 해서 등장한 것이 요양원sanatorium이다.

결핵은 아름다운 질병?

치료법도 없고 원인도 모르는 결핵은 세계를 휩쓸었고, 19세기 초에는 전체 인구의 1/7이 결핵으로 사망했다는 연구가 있을 만큼 결핵은 흔한 질병이 되었다. 유명한 19세기 인물이 젊어서 사망했다면 그 사인은 결핵이라고 생각하면 크게 틀리지 않는 이유가 여기에 있다. 작곡가 프레데리크 쇼팽, 작가 에밀리 브론테, 안톤 체호프, 제인 오스틴, D.H. 로렌스 모두 결핵으로 세상을 떠났다.

그러다 보니 그림뿐 아니라 오페라, 소설 등 다양한 예술작품에 결핵환자가 등장하는 것도 자연스러운 일이었다. 푸치니의 오페라 〈라보엠〉, 베르디의 〈라 트라비아타〉, 오펜바흐의 〈호프만의 이야기〉에 모두 결핵환자가 등장한다. 문학작품에서는 도스토옙스키의 『죄와 벌』을 포함해 토마스 만, 찰스 디킨스, 서머싯 몸의 작품에도 결핵환자들이 등장하고, 빅토르 위고의 『레미제라블』에서 주요 인물인 판틴도 결핵으로 세상을 떠난다. 프랑스 화가 클로드 모네(1840~1926)가 아내의 죽음을 그린 〈카미유 부인의 죽음〉에서도 사인은 결핵이었다.

흥미로운 것은 결핵이 그렇게 온 사회를 슬픔으로 몰아간 질병임에도 19세기 작가와 예술가들은 이 질병을 낭만적인 시각으로 봤다는 사실이다. 작가 에밀리 브론테는 자신의 동생 앤이 결핵을 앓는 것을 보고 "내 생각에 결핵은 아름다운 flattering 질병"이라고 적었다. 아름다운 질병이라는 게 무슨 말일까?

카미유 부인의 죽음(1879)

클로드 모네가 결핵으로 세상을 떠난 첫 아내 카미유의 임종을 그린 작품. 결핵으로
인한 죽음은 19세기 유럽인에게 일상적일 만큼 익숙했다.

에밀리가 사용한 형용사 '플래터링_flattering'은 엄밀하게는 '외모를 돋보이게 하는'이라는 의미다. 가령 옷이나 조명이 사람을 돋보이게 할 때 이 단어를 사용한다. 지금은 직접 볼 일이 없지만 결핵환자들의 모습을 설명한 표현을 보면 하나같이 체중이 줄어 '삐쩍 마른' 모습이었다고 한다. 당시만 해도 서구에서는 결핵을 지금처럼 '튜버클로시스_tuberculosis라 부르지 않고 '콘섬션_consumption' 이라 했는데, 소비·소모를 뜻하는 이 단어가 붙은 것은 이 병의 환자가 설사 등으로 체중이 빠지고 기력이 쇠하는 증세를 두드러지게 보였기 때문이다. 게다가 '핏줄이 드러날 정도로 피부가 하얗고 투명'할 뿐 아니라 '볼과 입술은 유난히 핏기가 돌아서 장밋빛'이었다고 한다. 그야말로 당시 여성들이 미의 기준으로 삼았던 '가녀린 모습'이었던 것이다. 이는 앞서 이야기한 뭉크 누나의 모습에서도 확인할 수 있다.

다른 전염병이라면 환자가 보기 비참한 꼴을 했겠지만 엉뚱하게도 당시 여성들이 바라던 외모를 선사하는(?) 질병인 탓에 죽어가는 환자가 한없이 아름답고, 그래서 더욱 가엽고 불쌍하고 애절하게 느껴졌을 것이다. 특히 젊은 여성들이 유난히 많이 걸린 질병이라는 사실 (앤 브론테뿐 아니라 에밀리 브론테도 젊은 나이에 결핵으로 세상을 떠났다) 역시 결핵의 이미지를 극적으로 만드는 데

일조했다. 이쯤에서 눈치를 챘겠지만, 이렇게 '아름다운 모습을 간직한 채 요절하는 젊은 여성'이 19세기식 비극의 여주인공에게 가장 걸맞은 캐릭터였다. 아니, 우리가 아는 19세기 문학과 예술 작품 속 여주인공 모습은 결핵의 유행으로 탄생했다고 하는 것이 더 정확한 표현일 것이다.

물론 치명적인 질병이 아름다울 리는 없다. 하지만 많은 사람이 목숨을 잃는 전염병일 경우, 살아남은 사람들이 자신의 슬픔을 사랑하는 사람을 잃어 비슷한 슬픔을 간직하고 있는 다른 사람들과 나누고 싶어 하는 것은 자연스러운 일이기도 하다. 에이즈AIDS가 전 세계를 휩쓸고 지난 후인 1996년에 나온 브로드웨이 뮤지컬 〈렌트Rent〉에서 에이즈로 죽어가는 여성 미미Mimi는 정확히 100년 전에 나온 오페라 〈라보엠〉에서 결핵으로 죽어가는 여성 미미에 대한 오마주이자 현대적 해석이었다. 예술은 이렇게 항상 현실에 발을 딛고 있다. 그 현실이 아무리 비극적이어도 말이다.

초현실적인 나날들

2020년은 코로나19의 충격과 공포가 뉴욕을 유령의 도시처럼 만들었던 해였다. 그로부터 1년이 지난 2021년 봄에 처음으로 다시 뉴욕에 갔던 날을 기억한다. 도시의 하드웨어는 그대로인데 붐벼야 할 거리를 돌아다니는 사람들은 1/3 정도밖에 되지 않았다. 뉴욕은 마치 영혼이 빠진 듯 낯선 장소가 되어 있었다. 뉴욕을 뉴욕으로 만드는 건 빌딩이 아니라 뉴요커들이라는 말이 맞았다.

중국 우한과 이탈리아 롬바르디아 지역에 이어 코로나바이러스의 최대 피해지역으로 떠오른 미국 뉴욕시에는 항공모함 규모의 거대한 병원선이 들어섰다. 침대가 1,000개나 되는 이 병원선은 뉴욕 항구에 들어서는 순간 웬만한 대형 병원 하나가 도시에 생겼다고 할 만큼 엄청난 크기를 자랑했다. 미국의 〈와이어드WIRED〉는 이 병원선이 들어서는 장면을 소개하면서 기사 제목을 "팬데믹 속에서의 삶은 왜 초현실적surreal인가"라고 뽑았다. 세계에서 가장 크고 붐비는 도시 중 하나인 뉴욕시가 위험에 빠지자 이를 돕기 위해 세계 최대 규모의 병원선이 도착했지만, 정작 뉴욕은 마치 인류의 종말을 묘사한 영화의 한 장면처럼 텅 비어 있었다. 뉴욕뿐 아니라 전 세계 대부분의 도시에서 초현실적인 장면이 일상적으로 펼쳐졌다. 어느 미술평론가가 "현대미술이 탄생시킨 수많은 -주의-ism들 중 초현실주의만이 우리가 일상생활에서 사용하는 어휘가 되었다"라고 말한 적이 있다. 우리는 '인상주의'나 '입체주의'라는 말은 미술작품을 이야기할 때 외에는 사용하지 않지만, 요즘 같은 상황을 보면서 쉽게 초현실적이라고 말할 만큼 '초현실(주의)'이라는 말은 미술과 무관하게 쉽게 사용한다. 특히 대낮에는 사람들로 가득해야 정상인 대도시 거리가 텅 빈 모습을 보며 우리가 팬데믹이라는 초현실적인 현실에 살고 있음을 느낀 사람들이 많았다.

전염병이 만들어낸 낯선 풍경

그런데 '대낮에 텅 빈 거리'라는 초현실적인 이미지는 제법 역사가 깊다. 최초로 근대식 사진기술을 발명해낸 루이 다게르 (1787~1851)는 1838년 사진 역사에 길이 남을 작품을 찍었다. 파리의 탕플 거리를 찍은 이 사진이 특별한 이유는 거기에 인물이 등장하기 때문이다. 즉, 최초의 인물사진인 셈이다. 하지만 특이하게도 드넓은 대로를 찍은 사진에 등장하는 사람은 구두닦이와 손님 두 명뿐이다. 왜 그럴까? 당시 은판사진술은 감도가 떨어져 움직이는 물체는 잡아내지 못했다. 따라서 길을 걸어 다니던 많은 사람은 화면에 남지 않았고, 움직이지 않는 건물들과 오래 머물러 있던 구두닦이와 손님만이 사진에 찍힌 것이다.

2009년 53회 베니스 비엔날레에 초청받기도 했던 한국의 아티스트 김아타는 다게르의 사진처럼 노출을 오래도록 유지하는 방식으로 대낮에 텅 빈 뉴욕, 파리 등을 찍은 작품을 선보인 적이 있다. 우리는 왜 이런 텅 빈 도시에서 초현실적인 느낌을 받는 것일까? 일상적이고 익숙한 요소들이 완전히 낯선 분위기에서 등장하기 때문이다. 대낮 뉴욕 거리는 사진에서 익히 봤지만 항상 사람들이 가득하다. 하지만 익숙한 도시 풍경에서 사람들이 실종되면 우리는 시각적 충격을 받게 된다. 김아타의 작품과 마찬가지로 1838년의 다게르 사진도 붐비는 도시 풍경과 그걸 그린 파리 화가들의 작품에 익숙했던 관객들에게는 초현실적으로 보였을 것이다.

일상이 특별함이 되는 분위기

이런 효과를 의도적으로 시도한 화가도 있었다. 그리스 출신의 이탈리아 화가 조르조 데 키리코(1888~1978)다. 미술사에서는 데 키리코를 (가령, 녹아내리는 시계의 이미지 등으로 우리에게 익숙한 살바도르 달리 같은) 초현실주의 화가로 분류하지 않는다. 본인이 스스로 초현실주의 화가로 생각하지 않았을 뿐 아니라 그의 초현실적 이미지들은 초현실주의 화풍이 유행하기 이전에 만들어졌다. 하지만 초현실주의라는 문예사조를 탄생시킨 프랑스의 시인이자 미술평론가였던 기욤 아폴리네르(1880~1918)에게 이 새로운 흐름에 대한 영감을 준 것은 바로 데 키리코의 작품들이었다.

대표적인 것이 1914년 작품 〈거리의 우울과 신비〉다. 오후의 밝은 햇살과 짙은 그림자가 강렬한 대비를 이루는 이 작품은 보는 사람에게 아득한 현기증을 일으키기도 하고, 이유를 알 수 없는 두려움을 주기도 한다. 왼쪽에 등장하는 밝은 고전주의적 건물은 과장된 선원근법을 사용해서 현실보다 훨씬 빠른 속도로 지평선을 향해 달리고, 밝은 빛을 받으면서도 검은 실루엣으로만 표현된 여자아이는 텅 빈 피아자(이탈리아 도시의 광장)를 향해 달려간다.

이 그림이 영화였다면 이 장면에서는 무슨 사운드를 사용했을까? 모르긴 몰라도 아무런 소리가 들리지 않는 적막한 장면이었

거리의 우울과 신비(1914)

조르조 데 키리코가 이 시기에 그린 일련의 작품들은 초현실주의 화풍이 탄생하는 중요한 계기가 되었다.

을 것이다. 그도 그럴 것이 한낮에 붐벼야 할 광장에 움직이는 인물은 혼자 굴렁쇠를 가지고 노는 아이뿐이기 때문이다. 하지만 이 아이가 달려가는 방향에 있는 광장 한복판에는 어떤 알 수 없는 인물이 아이를 기다리는 것처럼 보인다. 우리는 이 상황에서 여자아이에게 닥칠 위험을 느끼고 불안해진다. 그뿐 아니라 오른쪽 어두운 건물 옆에 세워둔 (마차가 끄는) 짐차는 아무도 지키는 사람 없이 문이 활짝 열려 있다. 그런데 화가는 의도적으로 짐차 내부를 전부 보여주지 않고, 우리는 그 안에 무엇이 혹은 누가 숨어 있는지 몰라 불안하다.

데 키리코의 다른 작품들 속 장면을 미루어 짐작해보면 광장에 그림자로만 등장하는 인물은 아마도 살아 있는 사람이 아니라, 대개 이탈리아 광장 한가운데 세워진 석상일 가능성이 높다. 하지만 그걸 안다고 해서 이 작품이 주는 불안감이 줄어들지는 않는다. 왜냐하면 그림에는 우리가 알 수 없는 어두운 구석들이 너무나 많고, 무엇보다 우리는 왜 이 도시가 텅 비었는지 모르기 때문이다. 만약 이 그림의 배경이 한밤이었다면, 도시가 전쟁으로 폐허가 되었다면 우리는 도시에 사람들이 없는 이유를 짐작하고 (역설적으로 들리겠지만) 안심했을지 모른다. 그런데 도시는 깨끗하고, 태양은 강렬하게 빛을 발한다는 사실이 우리에게 막연한 공포감을 심어주는 것이다.

우울한 미래에 대한 예언서

이 글을 쓰는 시각 뉴욕시에서는 코로나19로 사망한 환자들의 시신을 처리할 수 없어 대형 냉동 트레일러를 병원 옆에 세워두고 지게차로 시신을 채워 넣고 있다는 보도가 나왔다. 몇 달 전만 해도 상상도 할 수 없었던 일이다. 대낮의 텅 빈 뉴욕 거리에 놓인 트레일러 사진을 보면서 데 키리코의 이 작품과 작품 속 짐차를 떠올린 사람이 나만은 아니었을 거다.

초현실주의를 탄생시키는 계기가 된 데 키리코의 1910년대 작품들은 엄밀하게는 두 시기로 나뉜다. 프랑스 파리에서 작품활동을 하던 시기와 1915년 이탈리아의 페라라에 정착한 시기다. 파리에서는 〈거리의 우울과 신비〉 같은 작품을 만들었다면, 페라라 시기의 데 키리코는 〈위대한 형이상학자〉 같은 작품을 만들었다. 언뜻 보면 후자도 전자와 배경이 비슷한 듯하지만, 이 시기 데 키리코는 화실용 마네킹 혹은 자동인형(오토마톤)을 화면 중앙에 배치한다. 현대의 로봇에 해당하는 이 자동인형은 텅 빈 도시에서 건물들을 포함한 주위의 모든 풍경을 압도하는 중심적 위치를 차지하고 있다.

코로나바이러스로 길거리에서 사람들이 사라지고 대면접촉을 극도로 꺼리게 된 세상에서 도시가 다시 정상으로 작동하려면 앞으로 많은 것이 자동화되고 로봇에 넘겨주지 않으면 안 된다는

위대한 형이상학자(1917)

1915년 이후 데 키리코 작품에는 자동인형들이 화면 중심에 등장해서 텅 빈 도시를 압도한다. 화가는 100년 후 미래를 예언한 것일까?

전문가들의 전망은 데 키리코가 100년 전 그린 그림들을 우울한 미래에 대한 예언처럼 보이게 만든다. 봄은 어김없이 돌아왔지만, 그렇기에 더욱 초현실적으로 느껴지는 나날이다.

그림 앞에서 우는 사람들

종교적 체험은 단순히 나와 절대자의 관계에서만 오는 게 아니라 신
앙이 같은 사람과 연결되는 공동체로서 느끼는 체험이라는 말을 들
은 적이 있다. 마크 로스코의 작품이 종교적으로 느껴지는 건 그 그
림 앞에서 나처럼 우는 사람들이 또 있다는 사실이 주는 공동체적 체
험 때문이 아닐까? 이 글은 '널 위한 문화예술[유튜브]'의 오대우 대
표 덕분에 쓸 수 있었다.

몇 해 전 일이다. 나는 아는 사람에게서 당시 예술의전당 한가람
미술관에서 열린 마크 로스코(1903~1970) 전시회 표 몇 장을 선
물받았다. 로스코는 1930~1940년대 미국 미술의 힘을 전 세계
에 각인한 추상표현주의의 일부였던 '색면화color field painting'의 대표

화가로, 대개 커다란 화폭에 두 개 혹은 세 개 정도 색을 사용해 경계가 희미한 사각형을 그려 넣은 작품들로 잘 알려져 있다. 평소 로스코 작품을 좋아했던 나는 좋은 기회라 생각하고 스타트업에서 일하던 동료들과 함께 일을 일찍 마치고 전시회장으로 발길을 옮겼다.

미술관에 가면 남들보다 두 배 가까이 오래 머무르는 나는 함께 가는 사람들에게 다 보면 나를 기다리지 말고 먼저 나가라고 말해둔다. 다행히 주중이었고 아직 대부분의 직장인들이 퇴근하기 전이라 전시장에는 관객들이 많지 않았으므로 비교적 조용한 분위기에서 편안하게 작품들을 감상할 수 있었다.

그렇게 느긋하게 전시장을 돌아다니던 나는 어두운 실내 한구석에 따로 코너를 마련해서 전시 중인 거대한 작품 앞에 서게 되었다. 검은색과 짙은 회색만으로 이루어져 로스코 그림 중에서도 유독 어두운 그림이었다. 처음에는 떨어져서 보다가 그림 앞으로 한 걸음 발을 옮겨 가까이 다가섰다. 내가 작품 앞에서 느닷없이 울음을 터뜨린 건 바로 그 순간이었다.

울음이 터지게 하는 그림들

나는 몹시 당황스러웠다. 목이 메어오고 눈물이 걷잡을 수 없

무제(1955)

마크 로스코는 대개 두세 가지 색채를 대형 캔버스에 넓게 칠하는 색면화가로, 미국 미술이 전 세계에 알려지게 된 추상표현주의의 일원이지만 유독 정적인 화면과 종교적인 느낌을 추구한 것으로 유명하다.

이 흘렀다. 누가 볼까 싶어 급하게 소매로 눈물을 닦아냈지만 그치지 않았다. 살면서 아주 많은 미술관을 다녔지만 아무리 생각해봐도 그림 앞에서 그렇게 걷잡을 수 없이 울었던 적이 있었나? 나는 생각지도 않은 순간에 대책 없이 분출된 내 감정에 놀랐다. 중년 남자가 그림 앞에서 펑펑 우는 모습을 본다고 생각해보라. 아마도 엄청난 실의에 빠진 사람이라는 생각을 하게 될지 모른다. 당시 나는 오랫동안 살던 미국을 떠나 사업 차 장기간 한국에 체류 중이었다. 그래서 미국에서 일하는 아내와 아이들이 그리웠던 것도 사실이다. 하지만 그게 그렇게 공공장소에서 눈물을 흘릴 만큼 비극적인 일도 아니었고, 무엇보다 로스코의 추상화와는 아무 상관도 없는 일이었다. 그런데 왜 갑자기 눈물이 터졌을까?

그리고 몇 년이 지나서 흥미로운 이야기를 우연히 듣게 되었다. 미국 내셔널갤러리에서 조사한 바에 따르면, 관람객 60%가 예술작품 앞에서 울어본 적이 있다고 답했는데, 그들 가운데 70%가 로스코 그림 앞에서 울었다고 했다는 것이다. 그 이야기를 듣고 깜짝 놀랐다. 그때 일이 나만의 경험인 줄 알았는데, 그렇게 많은 사람이 로스코의 작품 앞에서 울었다면 그의 작품에 어떤 비밀이 있는 건 아닐까?

찾아보니 짐작했던 대로 이 현상을 연구한 사람들이 있었다. 대표적인 사람이 제임스 엘킨스다. 그의 책『그림과 눈물: 그림 앞에서 울어본 행복한 사람들의 이야기』첫 장은 '단지 색깔 때문에 울다'로 오로지 로스코만 다루는데, 여기서 엘킨스는 로스코의 전기를 쓴 제임스 브레슬린의 말을 인용한다. "로스코의 어떤 작품들은 어둡고 숨이 막히는 무덤 같은 공간으로 우리를 끌어당긴다." 엘킨스는 로스코 작품들이 멀리서 보면 아름답고 예쁘기까지 하지만 사실은 덫과 같아서 가까이 다가가는 순간 관객은 방향감각을 잃고 당황하게 된다고 설명한다. 한가람미술관에서 내가 느꼈던 감정을 마치 내 속에 들어와 목격한 듯한 정확한 묘사였다.

슬픔은 복잡한 감정

이것이 나만 경험한 일이 아니라면 로스코의 색면화 외에 또 어떤 작품들이 관객을 울게 만드는지 궁금했다. 하지만 과학적 현상이 아니기 때문에 실험할 수는 없고, 단지 경험담을 들어보는 수밖에 없었다. 다행히 엘킨스를 비롯해 이 현상에 관심을 둔 사람들은 사례를 많이 수집해서 기록으로 남겼다. 기록들을 보면 로스코 다음으로 많은 사람이 우는 작품이 장 프랑수아 미예(밀레)의 〈만종〉이다. 이 작품에 관해서는 미예 작품전이 파리에서 열린 1887년 당시 미예와 경쟁관계에 있던 인상파 화가 카미유 피사로(1830~1903)가 남긴 기록이 있다. 피사로는 그 전시장에서 지인을 우연히 만났는데 "방금 큰 충격을 받았다"라며 눈물을 펑펑 쏟았다고 했다. 피사로는 그 사람 가족이 세상을 떠났나 했는데, 알고 보니 미예의 〈만종〉을 보고 충격을 받아 울었던 것이다.

흥미로운 것은 로스코나 미예의 작품이 '슬픈 장면'을 묘사하지 않았다는 사실이다. 예술작품 중에는 〈피에타〉와 같이 누구나 알고 있는 슬픈 이야기의 한 장면을 묘사한 것들이 많은데, 정작 사람들이 많이 운다는 이 두 작품에는 그런 '이야기'가 없다. 그렇다면 이 작품들의 어떤 부분이 사람들을 울게 만들까?

이를 이해하려면 슬픔이라는 감정을 알아볼 필요가 있다. 영화배우들의 말을 들어보면 가장 쉬운 감정표현은 폭발하는 분노라

만종(1859)

〈이삭 줍는 여인들〉과 함께 장 프랑수아 미예(밀레)의 대표작. 그림 자체는 슬픈 장면을 묘사하지 않았지만 많은 사람이 이 작품 앞에서 슬픔을 느끼는 것으로 알려져 있다.

고 한다. 분노는 거칠고 단순하다. 반대로 슬픔은 (특히 그것이 오열이 아닐 경우) 아주 복잡한 감정의 혼합인 경우가 많다. 후회, 상실감, 외로움, 그리움, 절망 등은 모두 슬픔을 느끼게 하는 요소들이지만 각 감정의 경계선은 아주 모호하고, 대개 몇 가지 감정이 슬픔 속에 혼재되어 나타난다. 연기의 천재라고 하는 메릴 스트립의 표정 연기, 특히 슬픔 표현이 압권인 이유는 그의 얼굴에 등장하는 슬픔이 단순하지 않기 때문이다. 영화 속 스트립의 표정 연기를 자세히 보면 다양하고 복잡한 생각, 감정이 그의 머리를 스쳐가는 게 고스란히 드러난다.

카운슬러가 상주하는 예배당

다시 그림으로 돌아가서 미예의 〈만종〉을 자세히 들여다보면 로스코 작품과 유사성이 발견된다. 어둡고, 무겁고, 정적인 화폭에 희미하게 등장한 형체들은 지나치게 어두워서 디테일이 쉽게 구분되지 않고 경계선은 모호하다. 우리는 그렇게 경계가 희미한 색채의 전이를 보면서 알 수 없는 '먹먹함'을 느끼게 된다. 그리고 그 먹먹함은 대개 이유를 하나만 집어낼 수 없는 복잡한 감정이다. 슬픔에 잠겨 있을 때 누군가 다가와서 "무슨 일이 있느냐"라고 물어보는 순간 참았던 눈물이 쏟아진 경험이 있을 거다. 그렇게 쏟아지는 눈물은 말로 설명되지 않는 복잡한 감정을 모두 담고 있다. 로스코와 미예 작품에 등장하는 어둡고 희미한 색면은 그렇게 설명하기 힘든 사연과 다양한 감정을 머금어 언제라도 눈물이 되어 쏟아질 수 있는 먹구름 같다.

로스코는 말년에 건강이 매우 나빠져 작품활동에도 크게 제약을 받았다. 엎친 데 덮친 격으로 아내와 사이가 나빠져 황혼 이혼을 한 로스코는 1년 후인 1970년 66세로 스스로 생을 마감했다. 자신의 작품들을 통해 관객들이 종교적 체험을 하기를 원했던 로스코가 세상을 떠난 후 사람들은 그의 작품을 모아 '로스코 채플(예배당)'을 만들었고, 이 채플은 그의 작품을 사랑하는 사람들에게는 하나의 성지순례 코스가 되었다.

미국 텍사스주 휴스턴에 있는 이 채플에는 검은색의 거대한 색면화가 벽을 둘러가며 걸려 있다. 이곳이 마티스 같은 다른 예술가들의 채플과 다른 점이 있다면, 여기 걸린 로스코 작품들을 보다가 감정을 주체하지 못하고 우는 관객들의 이야기를 들어주고 진정시켜주는 카운슬러가 상주한다는 사실이다.

PART 6

—

보이지 않는 아름다움

진위 논란으로 한국 현대미술계를 떠들썩하게 했던 두 가지 사건이 있다. 하나는 유명 예술가가 미술관에 자신의 작품이라고 걸려 있는 작품이 '위작'이라고 주장했던 사건이고, 다른 하나는 한 유명인이 다른 화가에게 작업을 부탁한 '대작' 사건이다. 이 두 사건은 정반대처럼 보인다. 전자의 경우 남들이 맞다고 인정하는 작품을 예술가가 부정한 것이었고, 후자의 경우는 남들이 인정하지 않는 작품을 자기 작품이라고 주장한 것이기 때문이다. 하지만 자세히 보면 이 둘은 좌우만 바뀌었을 뿐 똑같은 모습을 한 데칼코마니에 가깝다. 한 작품의 진위에 대한 예술가의 주장이 사람들의 동의를 얻지 못한 상황이라는 점에서 그렇다.

여기에서 우리는 작품을 해석하고 평가의 주체가 누구냐는 흥미로운 질문을 맞닥뜨린다. 창작자가 보는 것과 관객이 보는 게 다르다면, 창작자의 의도와 관객의 해석이 충돌한다면 우리는 어느 편의 손을 들어줘야 할까?

디지털에서 반복되는 회화의 역사

이 글은 '일상 속 미술사'라는 제목으로 연재를 시작할 때 첫 꼭지였다. 그래서인지 너무 많은 개념을 집어넣는 바람에 신문사로부터 '조금만 더 쉽게' 써달라는 주문을 받았다. 그때만 해도 '이 내용을 어떻게 더 쉽게 쓰지?' 하고 고민했는데, 이 글 이후 힘을 빼고 쓰는 법을 조금씩 익히기 시작했다.

자동차가 처음 발명되어 거리를 돌아다니자 사람들은 마술이라고 생각했다. 마차와 똑같이 생겼는데 앞에서 끌어주는 말이 없으니 신기한 것은 당연했다. 그런데 자동차에 놀란 것은 사람만이 아니었던 듯하다. 마차가 많이 다니는 길에(1900년경 뉴욕시에서만 말 10만 마리가 마차를 끌고 돌아다녔다) 요란한 소리를 내지만

유리아 스미스는 말이 자동차를 보고 놀라지 않도록 자동차 앞에 말머리 조각을 붙이는 방법을 고안했다.

말은 없는 마차가 돌아다니자 말들이 놀라 뛰면서 사고가 잦았다고 한다. 당시 미국 미시간에 살던 유리아 스미스라는 남자는 이 문제를 해결하려고 자동차 앞에 말머리 조각을 붙이는 방법을 고안했다. 지금 생각하면 몹시 우스운 생각이고, 당시 사람들 사이에서도 환영을 받지 못한 아이디어였지만, 놀랍게도 인류는 새로운 물건이 등장할 때마다 비슷한 행동을 반복했다.

스큐어모픽 디자인

우리에게 익숙한 스마트폰 속 앱 디자인을 보자. 사실 10년 전 만 해도 스마트폰에 장착된 앱은 모양이 지금과 많이 달랐다. 유 튜브 앱은 오래된 TV 모양이었고 노트 앱은 진짜 종이 노트 모양 을 했으며 사진 앱은 진짜 카메라 렌즈였다. 그리고 무엇보다 모 든 앱이 마치 3차원에 존재하는 버튼처럼 입체적인 모습이었다. 디지털 화면이라는 2차원에 존재하는 이미지를 마치 3차원의 실 제 물건처럼 디자인한 것이다. 좀 어려운 말이지만, 이렇게 하는 것을 전문가들은 '스큐어모피즘skeuomorphism'이라고 한다. 하나의 물건이 다른 종류의 물건처럼 보이거나 느껴지게 만든다는 의미

조절 손잡이를 묘사한 사용자 인터페이스 속 스큐어모피즘

로, 플라스틱으로 만든 물건을 나무로 만든 것처럼 보이게 눈속임을 하거나 (셔터가 없는) 스마트폰 카메라로 찍을 때 셔터 소리가 나게 인위적으로 만드는 것도 모두 스큐어모피즘에 해당한다.

스큐어모피즘이라는 발음하기도 어려운 전문용어가 일반인들에게 소개된 계기는 2013년 애플이 디자인 방향을 대전환한 것이었다. 애플의 디자인 수석 조너선 아이브는 iOS7을 발표하면서 애플이 1세대 아이폰 이후 고수해왔던 스큐어모픽 디자인을 버리겠다고 선언했고, 그제야 사람들은 "이제까지 우리가 보던 게 스큐어모피즘이라는 거였구나" 하고 알게 되었다.

아이브는 "이제 사용자들은 스마트폰의 유리판을 누르는 일에 익숙해졌다"면서 스마트폰 OS가 물리적인 세계를 흉내내지 않아도 된다면 화면 디자인을 아주 자유롭게 할 수 있다고 설명했다. 오늘날 우리가 사용하는 스마트폰에서 익숙하게 보는 '평평한 디자인'은 그렇게 탄생했다. 구글도 애플의 뒤를 이어 곧바로 비슷한 디자인 원칙을 발표하면서 전 세계 디지털 디자인은 실물 흉내내기를 그치고 납작해졌다. 폰 화면이 2차원이라면 2차원에 솔직하겠다는 선언이다.

그림은 그림일 뿐 ◖

그런데 이런 방향 전환은 애플이 처음 한 것이 아니다. 1950년대 미국 뉴욕의 미술계에도 똑같은 생각을 한 사람이 있다. 제2차 세계대전이 끝나고 세계가 미국과 소련이 대결하는 냉전으로 진입한 당시는 세계 미술의 중심이 프랑스 파리에서 뉴욕으로 이동하던 시점이었다. 미국 미술의 주류였던 추상표현주의Abstract Expressionism의 우수성을 알리는 데 앞장섰던 클레멘트 그린버그(1909~1994)라는 미술평론가는 "미술작품은 그것이 사용하는 매체가 가진 고유한 특성을 드러내야 한다"라고 주장했다. 쉽게 설명하면 2차원 평면에 그려지는 그림은 2차원적이어야 하지 3차원의 물건이나 장면을 실물처럼 보이게 하는 착시 현상을 추구해서는 안 된다는 것이다.

그린버그의 주장은 수백, 아니 수천 년 동안 이어진 회화의 역사를 뒤집어엎는 것이었다. 우리가 감탄하는 르네상스 회화는 평면에 3차원을 부여하면서 사람들의 감탄을 자아냈고, 우리나라에서는 신라시대 솔거가 그린 벽화 속 나무에 새들이 부딪쳐 죽었다는 얘기가 화가의 실력을 보여주는 일화로 남아 있다. 더 나아가 알타미라동굴 벽화에 등장하는 생생한 소떼를 생각해보면, 2차원 평면에 3차원 세계를 재현하려는 인류의 노력은 구석기시대까지 거슬러 올라간다.

그린버그는 그런 유구한 역사를 왜 거부했을까? 그는 (서구의) 현대 회화가 그 방향으로 진화해왔다고 주장했다. 현실세계를 거의 사진처럼 묘사할 수 있었던 앵그르 이후 점점 많은 화가가 그림 속 사물 혹은 인물을 완벽한 3차원으로 묘사하는 일에 흥미를 잃고 밋밋한 평면으로 칠하기 시작했다. 폴 세잔(1839~1906)이나 마네의 그림은 추상화는 아니었지만 추상을 향해 가고 있었고, 모네나 빈센트 반 고흐(1853~1890) 같은 화가들은 붓질 흔적을 완벽하게 숨기던 과거의 거장들과 달리 캔버스 표면에 붓 자국을 생생하게 남겨두어 '이것은 현실이 아니라 그림'임을 강조했다.

이 모든 변화가 그린버그 눈에는 회화라는 예술 장르가 3차원의 흉내가 아닌 2차원적 존재라는 사실을 인정하는 일종의 커밍아웃이었다. 그리고 그런 변화의 완성이 잭슨 폴록(1912~1956)이나 바넷 뉴먼(1905~1970)의 작품들처럼 현실세계의 묘사가 아닌 순수한 2차원 평면에 존재하는 미국의 추상표현주의 회화였던 것이다. 이는 애플과 구글이 스마트폰에는 2차원 디자인이 정답이라고 결론을 내린 것과 다르지 않다.

기술 발전 속도가 아니라
인간 인식 속도의 문제

그렇다면 애플은 왜 처음부터 그렇게 하지 않았을까? 세상에 없던 새로운 물건이 등장했을 때 사람들은 그 물건을 있는 그대로 받아들이지 못하고, 자신에게 익숙하던 물건의 연장선상에서 이해하려 하기 때문이다. 자동차가 처음 나왔을 때 사람들은 그 물건을 자동차automobile라고 하지 않고 말 없는 마차horseless carriage라고 불렀다. 네 바퀴가 달리고 사람이 탄다는 것 외에는 마차와 완전히 다른 원리로 작동하는 새로운 운송수단이었지만, 대중의 인식 속에 새로운 카테고리가 생길 때까지는 시간이 걸린 것이다. 애플이 아이폰을 처음 발표한 후부터 폰 스크린에 맞는 납작한 디자인이 도입될 때까지 걸린 5, 6년은 바로 스마트폰이라는 새로운 존재가 대중의 머릿속에 독립적 존재로 인식되는 데까지 걸린 시간이다.

TV라는 낯선 물건이 처음 등장했을 때, 제조회사들은 TV를 '화면이 달린 라디오'로 디자인했다. 당시 서구 가정에서는 거실에 있는 의자들 사이에 거대한 라디오를 놓곤 했는데, 그 라디오 자리를 TV가 대체하게 된 것은 TV라는 새로운 물건이 독립적 존재로 인식되기 전에는 정체성을 라디오의 발전된 형태로밖에 존재할 수 없었음을 잘 보여준다. 그렇게 생각하면 하루 종일 스마트폰을 사용하는 우리가 정작 음성통화 기능은 거의 사용하지 않으면서도 굳이 스마트'폰'이라고 하는 것도 TV가 초기에 라디오의 옷을 입고 온 것과 다르지 않다.

따라서 애플이 아이폰의 앱 디자인을 바꿨다고 해서 스큐어모피즘이 사라질 것으로 생각해서는 안 된다. 세상에는 끊임없이 새로운 물건이 등장할 테고, 새롭게 생활에 등장한 물건이 대중에게 익숙해지기까지 기업들은 과거에 우리에게 익숙했던 것으로 포장해둘 것이기 때문이다. 그 예를 멀리서 찾을 필요도 없다.

스큐어모피즘을 버린다고 요란하게 선언했던 애플이 2년 후 애플 워치를 선보였을 때, 애플은 세계 유명 브랜드의 시계 모양을 디지털로 똑같이 재현한 스큐어모픽 디자인을 다시 들고 나왔다. 이유는 똑같았다. 스마트워치라는 전에 없던 낯선 존재가 대중에게 익숙해지기까지는 기존의 손목시계를 충실하게 흉내내야 하기 때문이다. 이는 기술 발전 속도의 문제가 아니라 인간의 인식 속도의 문제다. 물론 궁극적으로 모든 새로운 물건, 새로운 매체는 고유의 특성과 기능에 충실한 정체성을 찾을 것이다. 그때쯤이면 우리는 스마트'폰'이나 스마트'워치'가 아닌 다른 이름으로 부를지 모른다.

세상에서 가장 어려운 색, 블루

색맹, 색약을 교정하는 안경을 처음 쓴 사람이 잎이 우거진 커다란 나무를 바라보며 눈물을 흘리는 영상을 본 적이 있다. 나뭇잎들이 이토록 아름다운 줄 몰랐다고 한다. 그런데 마이클 폴란은 자신의 책 『마음을 바꾸는 법』에서 (색맹이 아닌) 사람들이 사이키델릭 약물을 복용한 후 공통적으로 감탄하는 게 나뭇잎이라고 한다. 그 약물을 복용해야 초록의 진정한 의미를 깨닫는다는 것이다. 그럼 우리는 초록을 제대로 보지 못하고 있다는 얘기일까?

2018년 역사적인 남북정상회담이 판문점에서 열렸을 때 회담장 벽에 걸려서 눈길을 끈 작품이 있다. 신장식 화가가 그린 〈상팔담에서 본 금강산〉이라는 작품이다. 서양화를 주로 그리는 작가가 수묵화의 선과 민화의 색을 사용했다는데, 한눈에 보기에도 전통

상팔담에서 본 금강산(2001, ©신장식)

(그림 출처: 작가 제공)

적인 산수화의 구도를 갖추었다. 그런데 이 그림에서 유독 눈에 띄는 것이 푸른 하늘이었다. 신장식 화가 작품에서 하늘이 눈에 금방 들어온 이유는 우리 전통 산수화에서 하늘을 파란색으로 칠하는 일이 거의 없기 때문이다.

하늘을 파랗게 칠하지 않았다

우리나라 근현대 산수화의 쌍벽으로 일컬어지는 소정 변관식
(1899~1976)과 청전 이상범(1897~1972)의 그림들을 보면 하늘
은 그저 여백처럼 남겨두었거나 칠했어도 아주 희미한 회색 하늘
로 묘사했다. 이렇게 말하면 '그들의 그림이 채색화가 아니기 때
문'이라는 반론이 나올 수 있다. 동아시아 수묵화, 즉 '먹그림'의
전통에서 하늘을 칠하지 않는 것은 어쩔 수 없는 선택이었을 수

금강문산수도(1948, 변관식)

(그림 출처: 동아대학교 석당박물관)

있다. 하지만 청전이나 소정은 흑백만 고집하지 않았다. 그들이 그린 많은 풍경에 은은한 푸른색과 노란색이 있지만 정작 하늘을 파란색으로 칠한 그림은 찾기 어렵다. 먼 산과 물을 파란색으로 칠하면서도 굳이 하늘에 파란색을 칠하지 않은 이유는 뭘까?

그들이 전통적인 기법을 고집해서만 그런 것도 아니다. 청전, 소정보다 후대에 속하는 운보 김기창은 아주 활발하고 현대적인 기법으로 풍경화를 많이 그렸다. 이른바 '바보산수'라고 일컬어지는 그의 풍경화는 푸른색이 화면을 가득 채웠지만 정작 하늘은 은은한 노란색인 경우가 대부분이다. 이쯤 되면 전통 화가들은 하늘이 파란 걸 몰랐나 하는 의심까지 해보게 된다. 왜 전통 동양 화가들은 하늘에 파란색을 사용하지 않았을까?

비슷한 궁금증을 가졌던 사람이 있다. 19세기 영국의 정치인이었던 윌리엄 글래드스턴(1809~1898)은 고대 그리스 시인 호메로스에 심취해 〈일리아드〉와 〈오디세이〉를 연구한 것으로 유명하다. 어느 날 그는 호메로스가 남긴 글에 '파란색'이라는 말이 한 번도 등장하지 않는다는 사실을 발견했다. 하늘을 '포도주색'이라고 적은 곳은 있어도 파란색은 없었다. 그런데 알고 보니 호메로스뿐만 아니었다. 고대 그리스 문헌 어디에도 파란색은 등장하지 않았다. 그래서 글래드스턴은 "고대 그리스인은 모두 색맹이었다"라는 다소 황당한 결론을 내렸다.

산동 山洞(1987, 김기창)

(그림 출처: 운보문화재단)

고대 그리스인이 본 하늘

정말로 고대 그리스인은 파란색을 구분하지 못했을까? 학자들에 따르면 답은 놀랍게도 '그렇다'에 가깝다. "내가 그의 이름을 불러주었을 때 그는 내게로 와서 꽃이 되었다"라는 김춘수 시인의 표현처럼, 사람들이 자연에서 특정 색을 볼 수 있는 능력은 그 색을 가리키는 어휘가 등장한 뒤 생긴다고 한다. 아프리카 나미비아공화국에 사는 힘바족을 대상으로 했던 유명한 실험이 이를 잘 보여준다. 학자들은 이 족속의 어휘에 '파란색'이 없다는 사실을 발견하고, 부족민에게 컴퓨터 화면 위에 12개 색이 들어간 사각형을 보여주면서 그중에서 다른 것 하나를 찾아내라고 했다. 우리 눈에는 11개 녹색 사각형과 하늘색 사각형 하나가 분명하게 보이지만, 힘바족은 그 하늘색 사각형을 구분하기 힘들어했다.

동아시아의 '청색'이 파란색과 녹색을 모두 의미할 수 있는 것과 마찬가지로, 많은 문화권에서 녹색과 파란색은 같은 계열로 취급된다. 그런데 청색 일부를 녹색으로, 다른 일부를 파란색으로 구분하는 것은 각각을 다르게 가리키는 이름이 생긴 후부터 가능해진다. 힘바족의 눈은 서양인들과 다르지 않았지만, 파란색이라는 단어가 없었기 때문에 볼 수 없었던 것이다. 학자들은 똑같은 실험을 하면서 파란색 사각형 대신 다른 사각형보다 조금 밝은 녹색 사각형을 넣어보았다. 이번에는 힘바족은 그 사각형을 바로

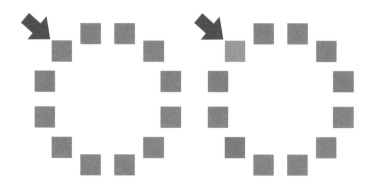

힘바족의 색깔 실험표 중 하나

찾아냈지만, 유럽인은 구분하기 힘들어했다.

　그런데 왜 하필 파란색을 두고 이런 일이 벌어질까? 인공적으로 만들어진 색을 일상적으로 보는 현대인이 흔히 간과하는 사실이 있다. 자연에서 파란색은 쉽게 발견되지 않는다. 우리가 아는 파란색 꽃은 사람들이 인공적으로 교배해서 만들어낸 것이고, 척추동물 6만 4,000종 중 몸에 파란색이 있는 종은 단 2개에 불과하다. 따라서 인류가 자연에서 파란색을 보는 일은 극히 드물었다. 어쩌다 보는 일이 있어도 가리키는 어휘가 없으니 사람들은 (녹색과 구별되는) '파란색'으로 인식할 수 없었고, 가장 가깝고 비슷한 색상으로 인식했다. 힘바족이 파란색을 녹색으로 인식하는 것과 다르지 않다.

색의 탄생 ◀

색과 언어를 연구하는 가이 도이처라는 학자에 따르면 세계의 다양한 문화권에서 색이름이 어휘에 등장한 순서가 거의 일정하다고 한다. 흰색과 검은색이 가장 먼저 등장하고, 그 뒤를 이어서 빨간색이 등장한다. 그다음에는 거의 예외없이 노란색과 녹색이 나타나고 마지막으로 파란색이 등장한다. 여기에는 흥미로운 이유가 있다.

인류는 자연에서 본 색에 이름을 붙인 것이 아니라 직접 만들 수 있는 색에 이름을 붙였다. 특정 색상, 즉 염료를 꾸준히 생산하게 된 후에야 비로소 그 색을 가리키는 이름이 생겼는데, 뒤로 갈수록 만들어내기 힘든 색이었던 것이다. 주요 색상 중 자연 속에서 가장 찾기 힘든 파란색은 가장 만들기 힘든 색이었고, 그러다 보니 어휘에도 가장 늦게 등장했으며, 어휘에 등장하지 않았으니 사람들은 파란색을 보면서도 파란색으로 인지하지 못했다는 것이다.

그렇다면 파란색 염료가 만들어진 후에도 하늘을 파란색으로 칠하지 않은 화가들은 어떻게 설명해야 할까? 그들 눈에는 하늘이 파란색이 아니었을까? 도이처는 이 궁금증을 풀기 위해 어린 딸아이를 데리고 실험했다. 아이가 두 살이 채 되지 않았을 때 아내와 약속하고 아이에게 하늘의 색이 어떤 색인지 절대로 말하지 않았다. 아이가 장난감을 비롯한 주변 사물의 색을 말하기 시작했을 때 그는 아이를 데리고 새파란 하늘을 가리키면서 "저건 무슨 색이지?" 하고 물었지만 아이는 대답을 하지 못했다.

아빠 눈에는 아주 선명하게 파란 하늘이었는데도 아이는 "아무 색도 없다"거나 "회색"이라고 대답했고, 몇 주가 지나서야 비로소 파란색이라는 답이 나오기 시작했지만, 그때도 아이는 회색과 파란색 사이에서 망설였다고 한다. 결국 우리가 하늘을 파란색이라고 자신 있게 말할 수 있고, 그림에서 하늘을 파란색으로 칠할 수 있는 것은 우리가 그렇게 교육받았기 때문이라는 것이다.

내 아이들은 미국에서 태어나 미국에서 유치원을 다녔는데, 어느 날 아이들이 내게 '페리윙클'이라는 색깔을 이야기했다. 나는 잘 모르는 색깔이라 인터넷에서 찾아봤더니 하늘색과 연보라 사이에 있는 모호한 색이어서 딱히 구분하기 어려웠다. 내가 다양한 색상표 앞에서 페리윙클을 찾아내지 못해 쩔쩔매는 모습을 본 아이들은 깔깔 웃으면서 "여기에서부터 여기까지가 페리윙클"이라고 딱 짚어주었다. 하지만 아무리 설명을 들어도 내 눈에는 그저 연보라와 하늘색의 연장선일 뿐이었다.

유명한 뇌과학자 올리버 색스는 사람은 눈으로 보지 않는다고 했다. 눈은 빛을 인식할 뿐이고, 보는 것은 뇌가 하는 일이라는 것이다. 앞서 언급한 청전, 소정, 운보 같은 화가들은 분명 파란색을 구분할 수 있었겠지만 전통적인 그림 교육을 받은 화가 눈으로 하늘을 봤을 때 파란색으로 그릴 만큼 분명하게 파란색이라고 생각하지 않았을 수 있다. 그들보다 훨씬 늦게 태어난 화가 신장식은 하늘을 파란색이라고 배운 세대에 속할 것이다. 그의 눈에 금강산 위에는 분명히 푸른 하늘이 있었다.

편견을 담은 이미지, 편견을 깨는 이미지

미국의 수도 워싱턴D.C.를 대표하는 미식축구팀 '워싱턴 레드스킨스'는 2020년 BLMBlack Lives Matter 운동의 여파로 아메리카 원주민에 대한 인종차별적 표현이었던 레드스킨스Redskins라는 이름을 떼어냈고, 한동안 '워싱턴 풋볼팀'이라는 임시 명칭을 사용하다가 최근 '워싱턴 커맨더스'로 개명했다. 레드스킨스가 반드시 인종적인 표현은 아니라는 반론도 있었지만 특정 인종 혹은 문화를 심벌로 사용한다는 것 자체가 부적절한 일이었던 것이다.

스위스에서 오래 거주해온 분이 쓴 글을 읽다가 이런 대목을 만났다. 자신의 친구 중 60대 남성이 있는데 어느 날 뜬금없이 "횡단보도를 건널 때 신호를 잘 지키느냐"라는 질문을 했다고 한다. 당연히 "잘 지킨다"라고 대답했는데, 보는 사람이 없고 오는 차가 없어도 잘 지키느냐고 다시 묻더란다. 그런 상황에서도 신호를 지킨다고 했더니 그 친구는 그럴 줄 알았다는 듯 고개를 끄덕이며 "역시, 전형적인 아시안"이라며 박장대소를 했다고 한다. 이분이 그게 왜 전형적인 아시안이라는 거냐고 되물었더니 이런 답이 돌아왔다고 한다. "규칙을 잘 따르잖아요, 아시아인들은."

내 또래는 어릴 때부터 "선진국의 공중도덕을 배우자"라는 말을 귀에 못이 박이도록 들어왔기 때문에 "아시아인들은 규칙을 잘 지킨다"라는 말은 다소 낯설게 느껴진다. 그렇다면 선진국 사람이 했다는 그 말은 칭찬으로 받아들이면 될까? 하지만 이야기를 들려준 저자는 그렇게 받아들이지 않았다. 아시아인에 대한 유럽인의 문화적 스테레오타입stereotype이라는 것이다.

백인사회가 바라본 스테레오타입

액면 그대로 이해한다면 '당신네 나라 사람들은 규칙을 잘 지킨다'는 말은 '당신들은 규칙을 잘 지키지 않는다'는 것보다 나은 말이지만 그 뒤에는 아시아인은 오래도록 권위주의적인 체제에 살아서 순종적이라는 인식이 깔려 있다. 서구인들 사이에 퍼져 있는 '아시아인은 수학을 잘한다'는 스테레오타입도 무조건 좋다고 생각할 수 없다. 이렇게 이른바 '긍정적인 스테레오타입'들은 때로는 유리하게 작동하기도 하지만 (가령, 다양한 인종이 섞인 학급에서 아시아계 아이들에게는 수학에서 높은 점수를 기대하는 분위기가 있고, 이런 기대가 아시아계 아이들에게 차별적 이득을 준다는 연구가 있다) 역으로 수학만 잘하고 다른 건 못한다는 차별적 인식을 돕는 도구로 사용되기도 한다.

결국 문화적·인종적 스테레오타입이 가진 문제의 핵심은 그것이 가진 긍정적·부정적 함의와 무관하게 내 이야기를 내가 하는 것이 아니라 다른 사람들이 그들의 시각과 편견을 통해 들려준다는 데 있다. 특히 대항해시대 이후 세계가 가까워지기 시작하면서 각 인종과 문화를 '설명'하는 화자는 거의 예외없이 백인 남성이었고, 그 외의 모든 사람은 백인 남성들이 해석한 타문화를 받아들이는 세계화 과정을 겪었다. 그 과정에서 수많은 왜곡과 편견이 들어갔고, 우리는 아직도 그런 편견과 싸우고 있다.

미국에는 앤트 제마이마Aunt Jemima라는 오래된 팬케이크 믹스, 시럽 브랜드가 있다. '앤트'는 이모, 고모를 의미하기도 하지만 여기에서는 그냥 '아줌마'라는 뜻이다. 그런데 그 브랜드 로고를 보면 흑인 아주머니가 이를 드러낸 채 활짝 웃고 있다. 즉, 이 아주머니가 바로 제마이마인 것이다. 미국의 많은 식품 브랜드가 설립자 이름을 따라 지어졌으니 그럼 이분이 이 브랜드 설립자일까? 그렇지 않다. '제마이마 아줌마'는 가상의 인물이다. 그리고 그 인물의 뿌리는 아주 깊다.

팬케이크 믹스와 시럽으로 유명한 '앤트 제마이마' 브랜드의 현재 로고(위)와 옛 로고(아래)

이 브랜드는 '매미'라는 전통적인 흑인 하녀 이미지를 가져다 사용해서 많은 비판을 받았다. 현재 로고에서 머리수건을 없앤 것도 하녀 이미지를 지우려는 의도였다.

흔히 '매미Mammy'라는 애칭으로 불린 이 가상의 캐릭터는 백인 가정에서 일하는 흑인 여성 혹은 하녀를 통칭하는 일종의 캐리커처다. 1939년에 나온 영화 〈바람과 함께 사라지다〉에서 주인공 스칼렛을 도와주는 흑인 하녀 이름도 매미였다.

인권단체 오랜 항의로 머리수건 없애

'흑인 여성=하녀'라는 이미지는 미국에서만 통용된 것도 아니다. 마네의 대표작 〈올랭피아〉를 보면 오른쪽 짙은 녹색 커튼을 배경으로 머리에 수건을 쓴 흑인 하녀가 (아마도 남자가 보냈을) 꽃다발을 들고 서 있다. 이 그림의 주인공은 백인 여성이고, 이 그림에 대한 분석도 항상 이 백인 여성에 맞춰져 있었다. 하지만 미술사가들은 뒤늦게 이 흑인 모델이 로어Laure라는 여성이고, 당시 프랑스 화가들이 이 여성을 하녀, 가정부로 그림에 자주 등장시켰다는 사실을 밝혀냈다.

그런데 이 흑인 여성들은 하나같이 머리에 수건을 썼다는 공통점이 있다. 현재 사용되는 앤트 제마이마 브랜드 로고에 등장하는 아주머니는 머리에 아무것도 쓰지 않았지만, 이는 근래 들어 나타난 변화일 뿐 '제마이마 아줌마'는 원래 머리수건을 쓰고 있었다. 흑인 하녀들은 대개 주방에서 일했고, 머리카락이 음식에 떨어지지 않게 머리수건을 쓰는 게 일반적이었다. 따라서 '앤트 제마이마' 옛 로고에 들어간 머리수건을 쓴 흑인 여성은 백인 가정의 하녀라는 함의가 있음을 이 제품을 구매하는 소비자라면 누구나 알고 있었다. 인권단체의 오랜 항의로 현재 로고에서는 머리수건이 사라졌지만 이 브랜드는 여전히 가상의 흑인 여성을 사용하고 있다.

문제의 핵심은 로고 속 여성의 머리수건이 아니라 백인들이 만든 브랜드에 왜 흑인 여성을 모델로 사용했느냐는 것이다(비슷한 브랜드로 '엉클 벤'이라는 것도 있다. 흑인 남성이 브랜드에 등장하지만 이 역시 기업 설립자와는 무관한 흑인의 캐리커처일 뿐이다). 인종적·문화적 특징은 타 집단에서 가져다가 사용하는 것 자체로 그 인종과 문화에 대한 차별과 모독이 된다는 것이 이제 하나의 상식처럼 되고 있다. 우리나라 방송에서도 얼마 전까지 코미디언이 얼굴을 검게 칠하고 흑인분장을 하는 일이 있었지만, 미국에서는 백인이 할로윈 분장으로 아랍이나 인도 혹은 동아시아 전통복장을 하는 것도 비판받기 시작했다. "나의 문화는 네 코스튬이 아니다"라는 주장이 상식이 되는 것이다.

사자가 들려주는 사자 이야기

나이지리아의 소설가 치누아 아체베는 자신이 속한 이그보 문화에서 스토리텔링의 중요성을 이야기하면서 이런 말을 남겼다. "사자가 직접 역사를 쓰기 전까지 사냥의 역사는 언제나 사냥꾼을 위대하게 묘사할 것이다." 마찬가지로 각 문화가 스스로에 대해 직접 묘사하고, 그렇게 이야기한 버전이 서구 백인들이 들려주는 이야기를 대체하기 전까지 우리는 끊임없이 그들의 편견이 담긴, 그들이 우월하게 묘사되는 이야기를 읽게 될 것이다.

만약 각 문화가 자신의 목소리로 자기 이야기를 들려주게 된다면 어떤 모습일까? 흑인 화가 헨리 오사와 태너(1859~1937)의 작품들이 좋은 예다. 가령 그의 1893년 작품 〈밴조 교습〉에서는 흑인 노인이 어린아이에게 밴조를 가르쳐주고 있다. 언뜻 대수롭지 않아 보이는 장면이지만 이 그림은 흑인들에 대한 편견을 극복하는 작품이다. "흑인들은 타고난 리듬감이 있다." "흑인은 원래 음악적 소질이 있다"라는 말은 누구나 한 번쯤 들어봤을, 백인이 만들어낸 스테레오타입이다. 이 말은 "아시안은 수학을 잘한다"라는 말처럼 긍정적으로 들리지만 사실은 흑인들이 열심히 노력하고 오랜 시간 연습해서 얻은 결과를 "재능을 타고나서 잘한다"라는 말로 무시하는 것이고, 이 말을 들은 사람들의 잠재의식에 남아 있다가 "흑인은 노력하지 않고 게으르다"라는 편견을 부추기는 데 사용된다.

남북전쟁 직전에 태어난 흑인 화가인 태너는 이 그림에서 흑인들이 밴조와 같은 악기 연주에 뛰어나다면 그것은 백인과 다름없

밴조 교습(1893)

미국 출신 흑인 화가 헨리 오사와 태너의 이 작품은 흑인은 음악적 재능을 타고났다는 편견을 깨뜨리는 스토리텔링의 대표적인 예다.

이 어려서부터 열심히 배우고 연습했기 때문이라는 이야기를 한다. 서아프리카의 전통악기에 기원을 둔 밴조를 흑인 할아버지가 손자에게 가르치는 모습을 그린 태너의 그림이야말로 사자가 들려주는 사자 이야기다.

인종주의적인 시각이 담긴 미국의 식료품 브랜드들.

피카소가 배운 것

학습해소^{學習解消, unlearning}라는 표현이 있다. 자신이 배워 알고 있는 지식을 의도적으로 잊거나 무시하는 작업이다. 전통적 시각언어를 반복하기를 거부한 20세기의 아티스트들은 자신이 태어나 자란 문화와 배워온 모든 것이 자신의 발목을 잡고 있다고 여겼기 때문에 이런 '학습해소'를 중요하게 생각했다. 익숙하지 않은 다른 문화도 이렇게 눈을 씻는 데 도움이 되었다.

주위 사람들에게 서양 현대화가 중 아는 이름을 대보라고 하면 가장 많이 떠올리는 화가는 단연 피카소다. 하지만 피카소는 동시에 이해하기 힘든 화가 가운데 하나로 꼽힌다. 그리고 그 이유는 대개 그의 큐비즘_{Cubism}(입체파) 회화 때문이다. 피카소가 큐비즘 회화작품을 만들기 시작한 것은 1910년대다. 그 이전까지만 해도 그는 누구나 알아볼 수 있는 '멀쩡한' 그림을 그렸다. 그랬던 그가 돌연 사람 얼굴이 해체된 듯한 낯설고 이상한 그림을 그리게 된 계기는 뭘까?

피카소는 큐비즘에 몰두하기 직전에 3년 정도 아프리카 미술과 원시미술에 몰두했다. 그 시기를 대표하는 그림이 우리가 잘 아는 〈아비뇽의 처녀들〉이다. 몇 년 후 등장하는 피카소의 큐비즘은 바로 이 그림에서 실마리를 찾을 수 있는데, 바로 화면 오른쪽에 있는 두 여성의 얼굴이다. 두 명 중 서 있는 여성의 얼굴은 탈을 쓴 듯 보이고, 앉아 있는 여성은 탈을 쓴 듯 보이면서도 동시에 피카소의 큐비즘 회화에서 자주 보게 될, '눈, 코, 입이 따로 노는' 얼굴을 하고 있다.

진정한 회화의 의미를 깨우쳐준
아프리카 예술작품

피카소가 이런 얼굴을 그리도록 아이디어를 준 것은 당시 파리에서 전시되던 19세기 아프리카 조각과 가면이었다. 그는 파리에 머무르던 미국 작가이자 미술품 수집가 거트루드 스타인(1874~1946)에게 찾아가 자신이 아프리카의 예술작품들을 보고

아비뇽의 처녀들(1907)

화면 오른쪽 인물들의 얼굴은 파블로 피카소가 파리에서 전시 중이던 아프리카 조
각과 가면을 보고 영감을 받은 것이다.

'비로소 회화의 진정한 의미를 깨달았다'라고 고백했다고 한다. 당시 아프리카 조각을 보고 영감을 받은 건 피카소만이 아니다. 앙리 마티스(1869~1954), 폴 세잔과 폴 고갱(1848~1903) 등 우리가 현대화가로 이해하는 파리파(에콜 드 파리) 화가들도 마찬가지로 아프리카 미술을 통해 비로소 현대미술의 세계로 들어가게 되었다. 그렇다면 그들은 아프리카 미술에서 무엇을 배운 것일까?

당시 화가들은 자신이 유구한 유럽회화 역사의 연장선 위에 있다고 느끼면서도 동시에 거기에서 탈출하고 싶어 하는 욕구가 강했다. 그들은 예술의 목적은 역사적인 내용이나 종교화를 그리는 것도, 3차원 사물을 있는 그대로 2차원 화폭에 옮기는 데 있는 것도 아니라고 믿게 되었다. 하지만 (미술사가 에른스트 곰브리치의 말을 빌리면) 화가는 다른 그림에서 배운 묘사법을 사용하지 않고 눈에 보이는 대로 그릴 수 없다. 유럽에서 태어나 교육받은 당시 유럽의 젊은 화가들은 자신의 문화적 환경에서 탈출하고 싶어도 탈출할 수 없었던 것이다. 그런 상황에서 그들은 마치 외계에서 온 것처럼 보이는, 자신들은 전혀 모르는 완전히 다른 문법을 가진 아프리카 조각을 보게 된 것이다.

눈이 크면 감정표현에 용이하다?

당시 '원시미술'(이건 정확하지 않으며 서구의 편견이 들어간 표현이다)이라 불리던 비서구 미술은 서구 미술과 어떻게 달랐을까? 근대화 이후 서구의 시각문화에 익숙해진 우리는 비서구적인 시각표현을 단순히 '추상적'이라고 받아들이기 쉽다. 하지만 당시 피카소가 신기하게 들여다봤을 아프리카의 조각이 우리에게 익숙한 일본만화 속 주인공의 얼굴보다 더 추상적이라고 말할 수 있을까? 일본만화 주인공들은 얼굴에서 눈이 차지하는 비중이 비정상적으로 크지만 이 문화에 익숙한 사람들에게는 특별히 이상하

일본만화에 등장하는 인물의 눈은 비현실적으로 크지만 일본 문화에 익숙한 현대인은 전혀 어색하지 않게 받아들인다.
(사진 출처: 서터스톡)

게 보이지 않는다. 하지만 실제로 그렇게 눈이 큰 사람이 방 안에 있다고 생각하면 아마도 큰 공포감을 느낄 것이다.

그나저나 일본만화의 캐릭터들은 왜 그렇게 비정상적으로 큰 눈을 갖게 되었을까? 눈이 상대적으로 작은 동아시아인의 시각에서 눈이 큰 서양인을 묘사하다가 시작되었다는 주장도 있지만, 더 설득력 있는 의견은 감정표현에 용이하기 때문이라는 것이다. 아시아에서는 감정표현을 주로 눈 모양으로 하고, 서양에서는 주로 입 모양으로 한다는 (그래서 웃는 모습을 표현하는 이모티콘도 ^^와 :-)로 달라진다는) 말처럼, 일본만화는 등장인물의 미세한 감정을 표현하는 도구로 눈을 사용하다 보니 크게 그려야 감정을 쉽게 전달할 수 있는 것이다. 하지만 일본만화를 한 번도 본 적이 없는 사람이 미술관에서 이런 이미지를 봤다면 엄청난 시각적 충격을 느꼈을 것이 분명하다.

알래스카와 캐나다 지역 원주민들이 만드는 토템폴totem pole은 서구인이 잘못 해석한 전형적인 예다. 큰 나무기둥에 우리나라 절 입구에서 본 듯한 우락부락한 캐릭터들이 아래서부터 위까지 차곡차곡 쌓여 있는 것을 본 서구인은 자신들의 고정관념에 따라 가장 위에 있는 인물이 가장 '높은' 사람이고, 맨 아래에 있는 인물이 사회적으로 지위가 가장 낮은 것으로 해석했다. 그래서 지금도 영미권에서는 지위가 낮은 사람을 가리켜 '토템폴에서 아래에 있는 사람low man on the totem pole'이라는 관용적 표현을 사용한다.

아프리카 팡족의 가면

피카소와 동료 화가들이 본 아프리카의 조각들 중에는 팡족의 가면이 포함되어 있었다.

하지만 사실은 다르다. 캐나다 원주민 문화에 따르면 가장 아래에 있는 인물이 가장 지위가 높고, 낮을수록 위에 배치된다.

모더니즘은 전통에서 자유로워지는 것

반드시 비서구문화가 아니더라도 (진정한 의미의) 원시미술 역시 서구와 현대의 시각문화에 익숙한 우리의 이해와 논리를 깨버리는 일이 많다. 1만 5,000년 전 선사시대에 제작된 것으로 알려진 스페인의 알타미라동굴 벽화에는 소가 많이 등장하는데, 어찌 된 영문인지 이미 잘 그려진 소 위에 새로운 소를 아무렇게나 겹쳐 그린 장면을 쉽게 보게 된다. 새로운 소를 그려 넣을 장소가 부족한 것도 아닌데 왜 이미 완성된 그림을 무시하고 또 다른 그림을 그려 넣었을까? 이런 고민을 하는 이유는 '그림은 작품'이며 작품은 보고 감상하려는 것이라는 사고에 익숙하기 때문이다.

그렇게 그린 정확한 이유는 알 수 없다. 하지만 티베트 승려들이 화려한 색 모래로 몇 달에서 심지어 몇 년에 걸쳐 그린 만다라를 완성되자마자 흩뜨려서 파괴하는 것을 보면 이런 모든 '작품'이 우리가 생각하는 것처럼 관객의 눈을 즐겁게 하기 위해 만들어지는 건 아니라는 사실을 짐작할 수 있다. 그렇다면 알타미라동굴 깊숙이 어두운 곳에 소를 마구 겹쳐 그렸던 원시인들 역시 소를 그리는 행위가 중요했을 뿐 아름답게 배치해서 감상할 벽화로 생각하지 않았을지 모른다.

마찬가지 이유로 20세기 초 파리에 살던 젊은 유럽 화가들에게 아프리카 조각은 몹시 낯설었을 테고, 그들이 그 작품들의 문화사적 의미를 제대로 이해했을 것 같지도 않다. 하지만 그들에게 그건 큰 문제가 되지 않았다. 그들은 사물을 보고, 세상을 시각적으로 해석하는 전혀 다른 방법이 존재한다는 사실을 알게 된 것만으로도 큰 영감을 받았고, 그들의 창의력을 가두었던 뚜껑이 열렸기 때문이다.

우리가 현대미술이라고 할 때 '현대'는 시간적·시대적 구분 이상의 의미가 있다. 현대 혹은 모더니즘은 바로 전통으로부터 자유로워지는 것을 의미한다. 전통을 완전히 부정한다는 의미가 아니라 화가가 그리려는 것이 반드시 자신이 속한 사회의 역사에서 정해진 틀을 따르지 않아도 된다는 것이다. 피카소는 아프리카 조각을 보면서 전통의 족쇄에서 풀려날 계기를 발견한 것이다.

쓰러지는 동상들 Black Lives Matter

미국의 인기 SF 애니메이션 시리즈 〈릭 앤 모티Rick and Morty〉에 이런 장면이 있다. 미국인들이 좋아하는 프랭클린 루스벨트 대통령이 죽지 않고 살아서 등장하는데, 21세기의 미국 대통령이 그와 몸싸움을 하면서 "당신이 소셜미디어 시대에 대통령을 했어도 그만큼 인기가 있었을 것 같으냐"라고 불만을 내뱉는다. 위인이 탄생하기 (혹은 만들어지기) 쉬웠던 시절은 끝난 게 아닐까?

2020년 6월 22일, 미국 수도 워싱턴D.C.에서 BLM Black Lives Matter (흑인의 생명은 소중하다) 시위를 하던 사람들 중 일부가 백악관 앞 라파예트공원에 설치되어 있는 앤드루 잭슨(1767~1845)의 기마상을 쓰러뜨리려고 했다. 사람들은 동상 목 부위 등에 줄을 매

2020년 6월 22일, 시위대가 백악관 앞에 있는 잭슨 대통령 기마상을 쓰러뜨리려 하고 있다. 이 동상은 클라크 밀즈가 1852년에 만들었다.

어 끌어당겼으나 줄이 끊어지면서 실패했지만 이미 동상받침은 '살인자killer' 등의 문구와 스프레이 페인트로 엉망이 되었다. 이에 분노한 트럼프 대통령은 국가 기념비를 훼손하는 사람들은 중형에 처하겠다고 엄포를 놓았다. 시위대는 왜 잭슨의 동상을 공격했을까?

미국에서는 지난 몇 년 동안 많은 동상이 시민들 손에 훼손당하거나 시장 주도로 철거당했다. 대부분 남북전쟁 당시 남부 주에 해당하는 지역에서 일어나는 일이고, 철거되는 동상들은 당시 남군을 지휘했던 장군들의 동상이다. 최근 유난히 이 동상들이 공격 대상이 되는 이유는 2013년 이후 등장한 BLM 운동 때문이다. 남북전쟁은 미국의 연방정부를 부정하고 독립을 시도한 반란이었고, 반란 이유는 노예제도를 지키겠다는 것이었다. 따라서 "같은 인간을 노예로 삼겠다며 반란을 일으켜 자국민을 죽인 사람들의 동상이 버젓이 서 있다는 게 말이 되느냐"라는 BLM 시위대의 주장은 설득력이 충분하다.

쓰러지는 권위주의의 상징

물론 동상이 묘사하는 잭슨은 남군의 장군이 아니라 7대 대통령이지만 시위대가 그의 동상을 싫어하는 이유는 크게 다르지 않다. 미국 대통령들 중 눈에 띄는 인종주의자였기 때문이다. 그가 대통령이던 1839년 발효된 '인디언이주법(이라고 흔히 번역되지만 Indian Removal Act, 즉 인디언'제거'법이다)'으로 미국 동부와 남부에 살던 인디언들을 멀리 떨어진 보호구역으로 보내는 과정에서 큰 희생자를 냈다. 또한 건국 이후 노예제를 폐지해야 한다는 주장이 꾸준히 제기되어 왔었지만 잭슨은 노예제를 적극적으로 옹호하고 지켜냈다. 자신이 100명 이상의 흑인 노예를 부리면서 재산을 쌓았기 때문이다.

그런 이유로 그동안 미국에서는 잭슨을 재평가해야 한다는 여론이 계속 커졌고, 미국 정부는 이런 흐름에 맞춰 미화 20달러짜리 지폐에 있는 그의 초상을 노예해방을 위해 평생을 바친 흑인 여성 헤리엇 터브먼으로 교체하기로 결정하기도 했다. 하지만 그 계획은 트럼프 당선으로 무기한 보류되었다. 백인들, 특히 저학력 백인과 백인우월주의자들의 큰 지지를 받은 트럼프가 잭슨을 자신의 롤 모델로 삼았기 때문이다.

부유한 환경에서 영향력을 키워 대통령이 된 전임 대통령 여섯 명과 달리 잭슨은 열네 살에 고아가 되어 자라다가 자수성가한 인물로, 워싱턴 정가에서는 그를 '아웃사이더'로 여겼다. 정치 경력 없이 사업만 하다가 기성 정치인들을 공격해 대통령이 되었고, 스스로를 워싱턴 아웃사이더로 자처해온 트럼프는 잭슨 대통령이 자신의 이미지를 대변한다고 생각했다. 그래서 백악관에 입주하자마자 잭슨의 초상화를 자신의 집무실에 걸어두기도 했다. 그러니 트럼프를 인종주의자들의 대통령으로 생각하는 BLM 시위대에게 잭슨 동상은 완벽한 타깃일 수밖에 없었다.

권력자 대신 파괴되는 동상들

우리는 비슷한 모습을 역사 속에서 항상 보아왔다. 이라크에서는 2003년 사담 후세인의 동상이, 베네수엘라에서는 2004년 크

요하네스 오어텔의 그림(1853)

1770년 뉴욕시에 세워진 조지 3세의 기마상은 1776년 미국의 독립선언과 함께 분노한 시민들에 의해 철거되었다.

리스토퍼 콜럼버스의 동상이 끌어 내려졌다. 소련의 지배를 받던 나라들에서는 스탈린과 레닌의 동상이 파괴되어 목이 잘린 채 굴러다니는 일이 드물지 않았다. 로마시대 이후 권력자 동상은 권력자를 대신해서 영토 곳곳에 퍼져 그의 권력을 보여주는 일종의 대리물로 작동해왔고, 바로 그런 이유로 분노한 시민들이 그 권력을 거부할 때 동상들은 권력자를 대신해서 조롱받고 파괴되었다.

게다가 미국에서는 이렇게 지도자의 기마상(equestrian statue 라고 한다)을 쓰러뜨린 유명한 예가 이미 있다. 뉴욕에 있던 영국 왕 조지 3세의 기마상이다. 이 기마상은 영국의 조각가 조셉 윌튼이 1770년 제작을 완료한 것으로, 미국이 독립을 선언한 지 6일 만에 시위대에 의해 파괴되었다. 당시 모습을 그린 그림을 보면 2020년의 BLM 시위대가 잭슨 동상을 끌어내리는 모습과 전혀 차이가 없어 '역사는 반복된다'는 말을 떠올리게 된다.

주목할 만한 건 독립과 함께 파괴된 조지 3세의 동상은 아메리카대륙에 세워진 최초의 기마상이었다는 사실. 일반적인 동상과 달리 설계와 제작이 무척 까다로워 고도의 기술이 요구되는 기마상은 제작된다는 것 자체가 말 그대로 '기념비적인' 일이었다. 조지 3세의 동상이 세워진 지 6년 만에 파괴된 후 미국에서는 오랫동안 기마상이 만들어지지 않았다. 그러다가 1850년에 들어서면서 기마상 세 개가 미국에 만들어지는데, 뉴욕시 유니언 스퀘어와 버지니아주 리치먼드에 있는 조지 워싱턴의 기마상 그리고 워

헨리 커크 브라운(1814~1886)이 제작한 뉴욕시 유니언 스퀘어에 있는 조지 워
싱턴의 기마상(1856)

싱턴D.C.에 세워진 문제의 잭슨 기마상(1852)이다.

이 세 기마상 중에서 주목해야 할 기마상이 있다면 그건 뉴욕
시에 있는 워싱턴의 기마상이다. 잭슨과 마찬가지로 대통령 이전
에 장군이었던 워싱턴이 앉아 있는 말과 그 위에서 오른팔을 들
고 있는 워싱턴의 자세는 로마에 있는 로마 황제 마르쿠스 아우
렐리우스 황제 기마상의 자세와 거의 똑같다. 서기 175년에 세워
진 이 기마상은 유럽 미술사에서 '기마상의 시조'로 알려진 작품

으로 우리에게는 『명상록』으로도 잘 알려진 철학자 황제 아우렐리우스가 병사들에게 호령하는 모습을 담았다. 하지만 그는 군복을 입지 않았고, 위압적인 모습도 아니다.

동상 세우기를 꺼리는 사회

하지만 그 이후 유럽 미술사에서 말을 탄 모습으로 동상에 등장하는 왕과 장군들은 갑옷을 입고 창과 칼을 들어 무력을 시위示威하는 경우가 흔해졌고, 특히 절대왕정에 들어오면서 황제들은 자신이 말을 탄 모습으로 그림과 동상에 등장하기를 좋아했다. 이런 동상들은 사람들이 많이 다니는 곳에 서 있고, 거의 예외없이 사람들이 우러러봐야 하는 높은 돌받침대 위에 놓여 있기 때문에 동상을 통해 전달하려는 메시지를 이해하기는 어렵지 않다.

문제는 그런 형태의 동상이 민주주의 사회의 지도자에게 어울리느냐는 데 있다. 뉴욕 유니언 스퀘어에 있는 워싱턴의 기마상은 워싱턴이 비록 칼을 찬 장군 모습이지만 침착하게 군대를 호령하는 반면, 잭슨 동상은 잭슨이 우리에게 익숙한 (자크루이 다비드가 그린) 그림 속 나폴레옹처럼 앞발을 들어 올린 말 위에 있어 훨씬 더 도발적인 모습이다. 잭슨은 민주주의 사회의 지도자였지만 백악관 앞 그의 동상은 절대군주들이 사용한 전투적인 시각적

마르쿠스 아우렐리우스 황제의 기마상(175)

유럽 역사에 등장하는 기마상들의 기원으로 알려져 있다. 원작은 로마 카피톨리니 미술관에 전시되어 있고, 야외에 놓인 것은 복제품이다.

어휘로 만들어진 모순적 상황이다.

　그런 이유로 20세기 중반 이후 민주주의 국가에서는 정치 지도자의 동상을 세우는 일을 꺼린다. 사회문화적 습관 때문에 20세기 들어와서도 대통령 동상이 제작되기는 했어도, 역사적 평가가 언제든 바뀔 수 있고, 무엇보다 국민 전체의 지지를 골고루 받는 지도자가 탄생하기 힘든 환경에서 동상을 세우는 것은 큰 정치적 부담이 되기 때문이다. 하지만 그건 국민의 발언권이 그만큼 보장받는 자유로운 사회라는 의미이기도 하다.

백악관 앞 앤드루 잭슨 대통령 동상을 쓰러뜨리려는 시위대의 모습은 1776년에 뉴욕 시민들이조지 3세의 동상을 쓰러뜨리는 모습과 다르지 않다.

일상에 숨은 아름다움을 찾아서

우리가 미술 작품을 감상하는 이유는 뭘까? 미술 작품에서 영화를 보듯 재미를 느낄 수도 있고, 남다른 눈과 손재주를 가진 아티스트의 솜씨를 통해 새로운 시각을 접할 수도 있다. 하지만 좋은 작품들을 많이 접하면서 내 눈과 생각을 훈련하는 것이, 그렇게 해서 내 일상에 숨어 있는 작은 것들에서 전에는 보지 못했던 아름다움을 발견하게 되는 것이 궁극적인 목표가 아닐까?

예술가들 중에는 피카소처럼 다양한 스타일과 작품들로 유명한 사람들이 있는가 하면, 평생 하나의 스타일을 완성해서 그것으로 잘 알려진 사람들도 있다. 사실 우리가 아는 대부분 예술가는 후자에 속한다. 가령 피터르 몬드리안(1872~1944)이나 앤디 워홀,

콩스탄틴 브랑쿠시(1876~1957) 같은 유명 예술가의 이름을 들으면 대부분 가장 잘 알려진 그들의 절정기 작품들을 떠올리지 초기 작품이나 그들이 평생 했던 다양한 예술적 시도는 생각하지 않는다. 그런데 어떤 예술가들은 아무리 활발하게 활동했어도 대중은 그냥 제일 유명한 작품 하나만 기억하는 경우도 있다. 가령 뭉크는 〈절규〉로, 조르주 쇠라(1859~1891)는 〈그랑자트섬의 일요일 오후〉로, 장 프랑수아 미예(1814~1875)는 〈만종〉 하나로 기억하는 식이다.

한 작품만으로 유명한 예술가의 가장 극단적인 예는 대지미술 Land Art, Earth Art 작품인 〈나선형 방파제 Spiral Jetty〉를 만든 로버트 스미슨(1938~1973)이 아닐까 싶다. 미술책에서 한 번쯤 봤을 그의 작품은 예술가로서 그의 인생을 대표할 뿐만 아니라 많은 경우 '대지미술'이라는 장르 전체를 대표하는 작품으로 등장할 만큼 유명하다.

한 작품만 남기고 떠난 예술가

〈나선형 방파제〉는 대지미술 작품답게 방대한 크기를 갖고 있다. 미국 유타주 그레이트솔트호에 설치된 폭 4.6미터, 총길이 460미터의 이 기하학적 구조물은 스미슨이 1970년 대형 덤프

나선형 방파제(1970)

로버트 스미슨이 만든 대지미술 작품은 제작된 지 얼마 되지 않아 수면 아래로 사라
졌다가 2005년경 다시 모습을 드러냈다.

트럭 등의 중장비들을 동원해 '건설'한 작품이다. 6일 동안 공사장 인부들이 큰 바위와 흙을 쏟아부어 방파제가 완성되었지만, 모양이 생각했던 것과 다르게 나오자 스미슨은 무려 돌 7,000톤을 다시 퍼내라고 했고, 이 작업을 하느라 3일이 더 걸린 결과 현재 모습이 나오게 되었다.

이 작품을 제대로 감상하는 방법은 두 가지라고들 한다. 2002년 동계올림픽으로 잘 알려진 유타주의 수도 솔트레이크시티에서 4륜구동 자동차를 빌려 비포장도로를 긴 시간 운전해서 찾아가 방파제를 걸어보는 방법과 비행기를 타고 호수 위를 날면서 바라보는 방법이다. 제작비가 많이 든 거대한 작품인 만큼 감상하는 데도 적잖은 비용과 노력이 들어가는 셈이다. 그렇게 만들어진 〈나선형 방파제〉가 스미슨의 대표작이 된 이유 중 하나는 그가 이 작품이 완성된 지 3년 만에 35세로 세상을 떠났기 때문이다. 텍사스주에 또 다른 대지미술 작품을 만들기 위해 경비행기를 타고 장소를 살펴보던 중 조종사의 실수로 비행기가 추락한 것이다.

그런데 그가 세상을 떠난 지 얼마 되지 않아 〈나선형 방파제〉도 사라졌다. 호수에 물이 차면서 수면이 솟아올라 방파제가 물밑으로 잠겨버렸고, 그의 작품은 건설 장면을 담은 비디오와 사진만 남기고 사람들 시야에서 사라졌다. 역시 예술가였던 그의 아내 낸시 홀트는 1999년, 남편의 유작을 유명한 디아예술재단에 기증해서 관리를 맡겼지만, 이미 작품은 물속에 가라앉은 후였다.

미술작품으로 던지는 철학적 질문

여기에서 우리는 흥미로운 질문을 하나 던질 수 있다. 우리가 볼 수 없어도 미술작품이라고 할 수 있을까? 이는 유명한 철학적 질문이기도 하다. 경험론에 대한 탐구로 유명한 17세기 아일랜드의 철학자 조지 버클리는 이런 질문을 했다. "숲속에서 나무 하나가 쓰러졌는데 아무도 그 근처에 없어서 소리를 듣지 못했다면, 그 나무는 소리를 냈을까?" 물론 주위에 귀를 가진 생물체가 없다고 해서 나무가 쓰러지는 물리적 현상에 변화가 생기는 건 아니다. 하지만 '소리'라는 것이 공기 파동을 귀가 감지해내는 과정임을 생각하면, 들을 귀가 없으면 소리는 없었다고 생각할 수 있다. 물론 스미슨의 작품이 물속에 잠겨서 볼 수 없게 되었어도 사람들은 그 작품이 물 밑에 있는 것을 알고 있다. 하지만 사람들은 그 작품이 사라지기 전에 찍힌 사진으로 감상할 뿐이다. 존재는

앤디 골드워시가 2006년 미국 콜로라도 주의 어느 개울가에 만든 작품
현장에서 주운 나뭇가지로 만든 이 작품은 그의 대부분 작품이 그렇듯 물과 바람에 실려 사라져버렸다.

하지만 볼 수 없는 작품, 사진과 영상으로만 접할 수 있는 작품을 우리는 어떻게 받아들여야 할까?

이 고민을 더욱 밀어붙인 예술가가 앤디 골드워시다. 1963생인 골드워시 역시 스미슨과 같은 대지미술을 하는 작가로 분류된다. 하지만 불도저와 트럭을 동원해서 호수에 바위와 흙을 퍼부은 스미슨과 달리 골드워시의 작품은 자연에 거의 아무런 피해도 주지 않는다. 인적이 드문 숲속에 들어가서 땅에 떨어진 낙엽들을 모아 색깔별로 구분해 아름다운 형태를 만들고, 나뭇조각이나 자갈을 모아 기하학적인 형상을 만들어놓는 것이 전부다.

그리고 그렇게 만들어진 작품은 사진으로만 남고 바람에 흩어지거나 물에 떠내려가 버린다. 그래서 사람들은 그의 예술작품을 찰나적 ephemeral 예술이라고도 한다. 스미슨의 작품은 물에 잠겨도 사람들이 여전히 존재한다고 알고 있지만, 골드워시의 작품은 대부분 사라지고 사진만이 한순간의 존재를 기록할 뿐이다. 하지만 더 이상 존재하지 않는다는 사실이 골드워시 작품의 아름다움을 떨어뜨리지는 않는다. 아니, 많은 사람들이 그의 작품이 한순간 존재하고 사라졌다는 사실에 더 큰 매력을 느낀다.

일상에서 아름다움을 놓치지 말자

어쩌면 사진으로 존재하는 그의 작품이 인스타그램과 핀터레스트 같은 이미지 기반 소셜미디어에 잘 어울리기 때문에 더 큰 인기를 누리는 것일 수도 있다. 하지만 그것과 무관하게, 혹은 그 때문에 우리는 골드워시의 작품들을 통해 예술 작품이란 과연 무엇인지 생각하게 된다. 우리는 수천 년 넘게 살아남아 매년 관광객을 수만 명 끌어들이는 대리석 조각도, 단 몇 시간 동안 아무도 없는 숲속에 존재하고 흩어져버리는 골드워시 작품도 모두 인터넷을 통해 모니터에서, 폰에서 감상한다. 그렇다면 그 작품이 어딘가에 존재하는지 아닌지가 정말로 중요한 것일까?

그런데 2005년, 유타주에서 흥미로운 뉴스가 들려왔다. 수십 년 동안 물밑에 잠겨 있던 스미슨의 '나선형 방파제가' 다시 떠올랐다는 소식이었다. 어떤 이유에서인지 그레이트솔트호의 수면이 점점 낮아졌고, 스미슨 사후에 영원히 보지 못할 줄 알았던 작품이 다시 사람들 눈앞에 나타난 것이다. 일부 애호가들은 마치 고대 유적이 발굴된 듯 기뻐하며 작품을 확인하러 그 장소를 찾아갔지만, 대다수 사람은 여전히 온라인에서 다시 떠오른 방파제 사진을 보는 것으로 만족한다. 생각해보면 그 작품이 물에 잠긴 것도, 다시 드러난 것도 (현장을 찾아가지 않을) 대부분의 사람들이 그 작품을 이해하고 감상하는 데 아무런 영향을 미치지 않는다.

반대로 우리가 숲속을 걷다가 유명한 예술가인 골드워시가 만들어놓고 떠난 나뭇잎 조형물을 발견했다면 어떨까? 그것이 골드워시 작품인 줄 모르는 상태에서 우리는 온전하게 그의 작품을 즐길 수 있었을까? 연주회를 하면 좌석을 매진시키는 유명 바이올리니스트인 조슈아 벨이 지하철 승강장에서 평범한 복장으로 연주하자 대부분이 걸음도 멈추지 않고 지나갔다는 유명한 일화처럼, 우리는 미술관이 아닌 곳에서 만난 아름다움을 지나치고 있을지 모른다. 단지 그곳이 미술관이 아니라는 이유로, 작가 이름과 작품 제목이 없다는 이유로 우리 일상 속을 스치는 아름다움을 알아보고 즐기지 못한다면 우리는 많은 것을 놓치고 있을지도 모른다.

앤디 골드워시가 작업하는 모습을 담은 영상. 꼭 한번 보시길 추천한다.

도시는 다정한 미술관

초판 1쇄 발행 2022년 6월 10일
　　　3쇄 발행 2023년 6월 20일

지은이 박상현
펴낸이 오세인 ｜ **펴낸곳** 세종서적(주)

주간 정소연 ｜ **편집** 이상희
표지 디자인 정은경 ｜ **본문 디자인** 김미령
마케팅 임종호 ｜ **경영지원** 홍성우
인쇄 천광인쇄 ｜ **종이** 화인페이퍼

출판등록　　1992년 3월 4일 제4-172호
주소　　　　서울시 광진구 천호대로132길 15, 세종 SMS 빌딩 3층
전화　　　　경영지원 (02)778-4179, 마케팅 (02)775-7011
팩스　　　　(02)776-4013
홈페이지　　www.sejongbooks.co.kr
네이버 포스트　post.naver.com/sejongbook
페이스북　　www.facebook.com/sejongbooks
원고모집　　sejong.edit@gmail.com

ISBN 978-89-8407-983-0 (03300)